遊びの四季

日本伝承の遊戯考

かこさとし著

復刊ドットコム

子どもの頃を思い出すことは楽しい。

ふるさとの野山で遊んだことは、なつかしい。

想い出の中に雪がまい、蟬がなく。

すみれや彼岸花の色が浮かんでくる。

だが、なつかしさや楽しさの他に、もっと違った、何か大きくて、強くて、しっかりしたものを、子どもの頃の遊びの中で身につけたのではないだろうか。


大人の目や考えからの回想ではなく、その当時の子ども心に立ちかえって、その遊びの世界から得たものを、さぐり出してみよう。

友であったオハグロトンボやキチキチバッタよ。もう一度、四季おりおりの遊びの世界を、くりひろげてはくれまいか。

この本にこめた私の願い——まえがきに代えて——

私は福井県のあるちいさな町に生まれた。今はもう市となり織物や刃物の産地として知られているが、当時は他と比較して、とりたてて自慢できることも少ない、北陸の一つの田舎町だった。

そこで育ったのは、大正15年から昭和8年までのわずか8年ばかりのみじかい期間であった。まわりの大人達の生活の中に、倒産とか首切りとかが登場し、九条武子がどうしたとか、人見絹枝が肺病にかかったとかが話題となった時代であり、子ども達の遊びの世界にも、張作霖とか馬占山という名が出て来た時代であった。

この書は、そうした町で、そうした時代をすごした、ごく平凡な子どもの遊びをつづったものである。

昭和も半世紀を過ぎた今、子どもの遊びを懐古する書や、子どものおもちゃを紹介する本が出されているが、私はそれらとは少しちがった問いをこの書にもりこもうとした。

その出発点は、大人達が自分達の子ども時代をなつかしむだけでいいのかということである。昔はよかったなあとなつかしむのも悪くはない。しかしそうした本は既刊のもので充分であるはずである。

もうひとつの設問は、昔にひきかえ今の子は遊んでいないという、遊ぶ場も、所も、時間も、精神的支柱も、背景もない。こうした状況で、昔の遊びや子ども時代をどうしたいのかということである。昔に返したいのか、昔のような「うさぎ追いし、小ぶなつりし」状態にしたいと願うのかという問いである。

この設問に対する答えは、今の大人の考えで、大人の立場であれこれ詮索《せんさく》してもそれはしょせん、懐古か利益誘導か、抽象的な空論にしかなりえないだろう。

子どものとき、当人はどんなことを遊ぶ中でおもい、考え、感じとっていたのか。子どもであるからとて、決して単純な、一面的な、幼稚なものではなかったはずである。純心とよぶにはほど遠い複雑な心理のひだを通り、幼いと称するにはいささか異なる思考と準備を経て、決してヌクヌクとした温室や真空の世界ではなく、生存や生活や人間関係やらの、さまざまな悩みや葛藤《かっとう》の渦まく生きた社会の中で「遊んでいた」はずである。

だからその生きた子どもの「遊んでいる姿」は、或るとき或る所の或る子どもという抽象的なものではとらえられず、どうしても時や所や人物を、具体的にくっきりとした中で動的にえがき、感取される側も、それを静的なものとしてでなく生きた形でうけとめぬ限り、真の把握はできぬであろうと考えた。従ってその試料の一つとして私自身を用いることとしたのである。

時折私は幼い頃のことを駄文にまとめながら、もしや記憶ちがいがあるのではとおもいつつ、数年前、ようやく四〇年ぶりに私はその地を訪れた。かつて広漠とした河原と感じていたのは、それほどの大河ではなく、ごうごうと電車が通った高いガードは、今の私のひたいがぶつかる位の軽便電車の橋脚であり、そこではじめてたべたライスカレーのからさが今も身にしみている公会堂の高い塔は、となりに出来たスーパーマーケットよりずっとちいさなものであったけれど、私の住んだ家も遊んだ野も川も、山も土手も、皆私の記憶にあるように残っていた。

私はこの記憶に勇気づけられ、出来るだけその当時の自分に立ちかえって、その心と立場から遊びの面白さとよさを記すようにした。子どもは残念なことに、大人のように文字をもてあそんだり、文を書くことをしないし、うまい弁舌を使うこともしない。しかし子ども自身が考え、感じ、心にきざみつけていることがらは、表現することの何層倍も、量も深さもあるものである。

古代史を解するには古代人の心を自己の心としなければ、真理は把握できぬし、外国を理解するには、異邦人の心理に立脚することが要求されるように、私は大人の目でなく、子どもの心になって遊びをみつめように試みたのである。

大人がいかに逆立ちをしても子どもになりきれるものではない。出来ることは、その自分の子ども時代の心情と感覚を呼び返し、そこから今の子どもに対し、大人として大人がしなければならぬ真の道を見出すことであろう。この書はそうした立場と、そこから導き出される今日の状況に対する、私なりの意見である。

かこさとし

目次

ほたるの唄―夏の遊び―

風とねこじゃらし—秋の遊び—

カバー・本文絵　かこさとし

ささ舟さらさら――春の遊び――

草のうた花のしらべ

私たちのふるさと

春、三月——まちに待った季節が訪れる。山かげにはまだ残雪があるし、時折つめたい朝もあるが、もう土手や野面をわたってくるのは春の風である。丘や小山の上に注いでいるのはまぎれもなく春の光である。

子ども達はいち早くそれを感じとる。それに応じて自然はなんとまた、こよなくすばらしい贈物を子ども達にもたらしてくれるのだろう。まず蕗《ふき》の苔《とう》が、その緑の台座を枯草にひろげる。きれいに萌え出た円形の模様をいち早く見つけて、子ども達は春をたしかめ、そして歌う。

〽蕗苔《ばんけ》　ふきのと　雪ふったら　なじょす
　こもかぶって　ねんねする　(秋田)
〽ばんけや　萠《ほ》けろ　岩山　くずれろ　(青森)
〽ふきのどうの　まぐさんぼう

えま出ねと　でいらんに　（福島）
〽ぼっけえ　ばっけえ　つんばっけえ
日向の前さ　伸んできろ　（岩手）

枯草の丘ばかりでなく、川辺や池のほとりにも春が訪れて来るのを、子ども達は見のがさない。

〽裏の猫柳《べここ》　とったら　けんべしょ　（秋田）
〽いぬの子　やなぎ
しっぽ出せ　しっぽ出せ　（青森）
〽ちんころ　やなぎ
しっぽ出して　みせろ　（福井）

土手にはつくしも頭をもたげる。子ども達はそのまるい頭をみつけてはやす。

〽つくづくし　つくづくし
羽織はかまで　出ていらせ　（福島）
〽つくづく坊さん　出てござれ
頭そって　衣きて
お彼岸参りの　かねつきだ　（愛知）

〽ほうし　ほうし　一本ぼうしはないもんぞ
おやこ三人　つれなうて　ほうし（岡山）

〽つくしんぼ　つくしんぼ
親もないか　子もないか（福岡）

そのつくしには、またなんという運命のめぐり合せなのだろう、スラリと背の高い、緑のオバサンがいることを、子ども達は不思議におもい、そしてよろこびながら歌うたう。

〽つくし誰の子　すぎなの子（宮城）

〽つくしどこの子　すぎなのまま子（鳥取）

〽ほうしだれの子　すぎなのよめ子（岡山）

〽ほうしや　すぎの子
すぎなの　ほんそこ（島根）

〽ほうしこ　ほうしこ　誰れの子
一町まちの　あにの子（愛媛）

そして手折ったつくしやスギナの茎の中ほどをいったん離し再びわからぬようつなぎ合せて、となりの子に問いかける。

〽どこどこ　つないだ（福井）

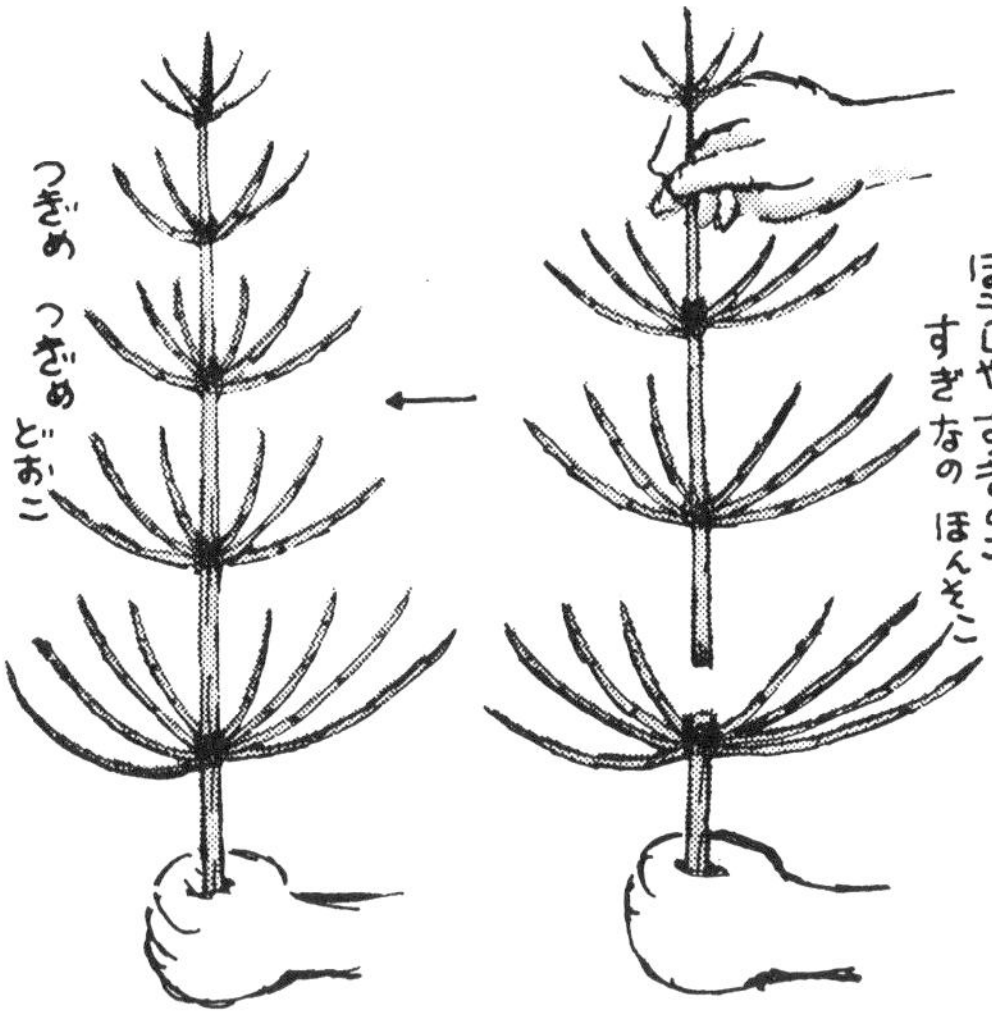

〽つべのこ　つべのこ
どこついだ　つべのこ　（秋田）
〽つんつん　つぎのこ
なかつぎ　つぎのこ　（岩手）
〽つぎめ　つぎめ　どおこ　（山形）
〽どこついだ　つぎなんぼ　（茨城）
〽すぎなつぎな　つぎめはどこじゃ　（東京）
〽つぎつぎ　どっからだ　（新潟）
〽つぎまつ　つぎまつ　どこついだ　（高知）

その頃にはもう、野にも山にも、一せいに春の歌がみちあふれる。

〽よめな　よめいりせい
せりぐさ　せっつくな　（岡山）
〽わらびさ　わらびさ
手おのかついで　お出やあれ　（山口）
〽ぜんまいわらび　なんで腰ゃかがんだ
親の日に魚《とと》くって　腰ゃかがんだ　（和歌山）

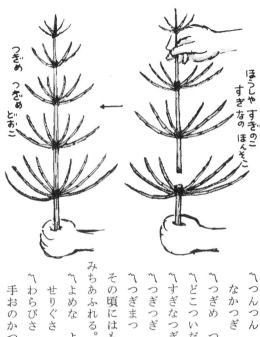

ああそして、一面田んぼに咲きみだれ、敷きつめられた赤紫のじゅうたんの中を、子ども達は惜しげもなくはしりまわり、ころげまわるのだ。

〽れんげがさいた　花つもう
　今年のれんげは　ようさいた　（福井）
〽れんげ　れんげ　いちようれんげ
　いちようにめが咲く　（静岡）
〽れんげつもう　花つもう
　今年のれんげは　ようでけた　（京都）
〽遊ばんか　あそばんか
　ここのれんげは　よう咲くれんげ
　胸にさいて　ちょんちょんちょん
　髪にさして　ちょんちょんちょん　（兵庫）

草花が子ども達と遊ぶのか、子ども達が草花とうたうのか。この自然と共に遊び、交り、うたい合う場こそが、私たちのふるさとだった。人間のふるさとと呼ばれるものだったのだ。
全国の子ども達がもっているこうしたふるさとの一つが、私の生まれた北陸の武生《たけふ》という町である。

練兵場のタンポポ

心のなかにひらく花

練兵場といっても、今の若い人にはお解りにならないかも知れない。私の育ちは戦中派、帝国軍隊が華やかに、世界最精鋭をうたい、最強を目指していた頃である。そのため兵隊達を訓練し鍛錬する。その場所が練兵場である。都会地の学校のグランドより、私の生れた武生という町の東小学校の校庭は何倍も広かった。その校庭より何層倍も広いのが軍隊の練兵場であった。武生から北方へ、軽便電車でちょっとのっていった所に鯖江という町があってそこに陸軍の師団がおかれていた。私の脳裏に残っている練兵場は、幼稚園の遠足で、そのマッチ箱電車にのり、鯖江の連隊で見たそれだった。

古参兵の号令で、赤く上気した新兵が、真剣な顔つきで機関銃の空砲をうったとき、そのむこうに茫漠と広がっていた練兵場だった。かげろうがはるかな兵舎をゆらめかせ、けたたましい銃声に、おどろきの悲鳴をあげる母親や女児たちを横目に、幼稚園児の私は耳をふさぐことさえせず、その銃口の前方で、空砲にゆれているタンポポの花を見ていた。銃床を肩にあてた頬のたかい兵の腹のあたり

にも、黄色い花がいくつも開いたり、いたましくくちゃくちゃになっていたりしていた。何時も見なれているタンポポの黄色が、なぜかそのときとても鮮やかに印象づけられたのだろう。私は銃声に気をとられている人々のすきを、まるで盗むようにタンポポをつみとった。

あつい春の遠足の帰り際には、もうそのタンポポはぐったりとなえ、あざやかな花もしぼんでいた。家までその花を握りしめて帰った私は、なげすてるように手洗水鉢《ちょうずばち》の中へほうりこみ、用便をした。出て来たとき、手洗水鉢の中で、そのタンポポはまるであの練兵場にあったときのように、茎はみずみずしくピンと伸び、太陽のようにまるくひらいて濃い黄色をよみがえらせていた。私はそのタンポポの復活を驚いてみつめていた。

幼い日経験したように、タンポポはなえやすい草である。しかしそのしおれたときに水気を与えるならば、たちまちもとの如くに生きかえる草でもある。だからタンポポの花茎を10センチばか

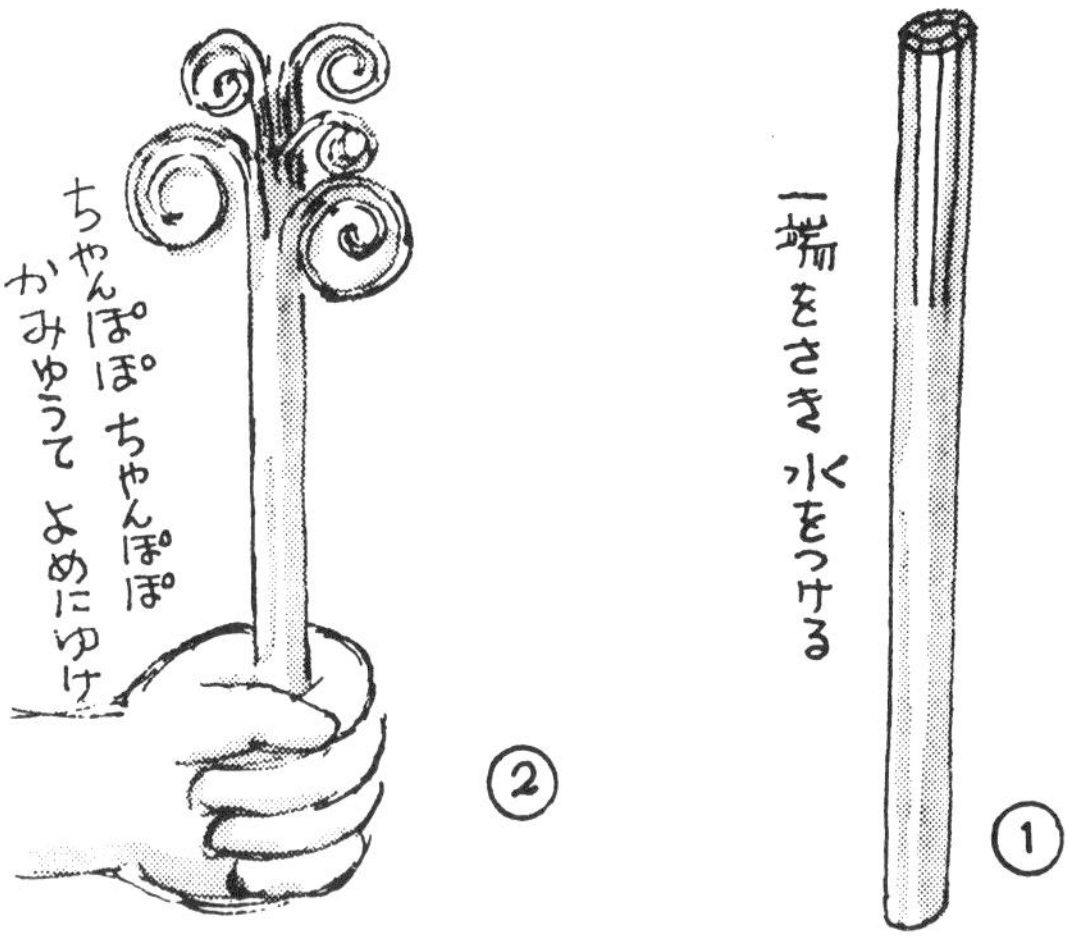
一端をさき 水をつける
①
ちゃんぽぽ ちゃんぽぽ
かみゆうて よめにゆけ
②

りに切りとって、中空のその茎の一端をいくつにも細く裂く。するときられた茎はくるくると外皮の方にそりかえる。その巻いた様子が、娘たちのマゲに似ているところから、

〽たんぽぽ　こぼこ
かみゆえ　こぼこ（秋田）

〽ちゃんぽぽ　ちゃんぽぽ
かみゆうて　よめにゆけ（新潟）

〽たんぽぽ　かみゆうた
あねちゃの　かみゆうた（福井）

という歌と共に遊ばれる。

うまくマゲがまかぬとき、子ども達はちゃんと知っていて一、二滴の水を注ぐ。ときにはつばをたらしたり、口にいれてまわす。そのときほろっとした苦さと共に子ども達は、私が幼い日手洗水鉢でみたタンポポの復活の習性をはっきりと知ることとなる。

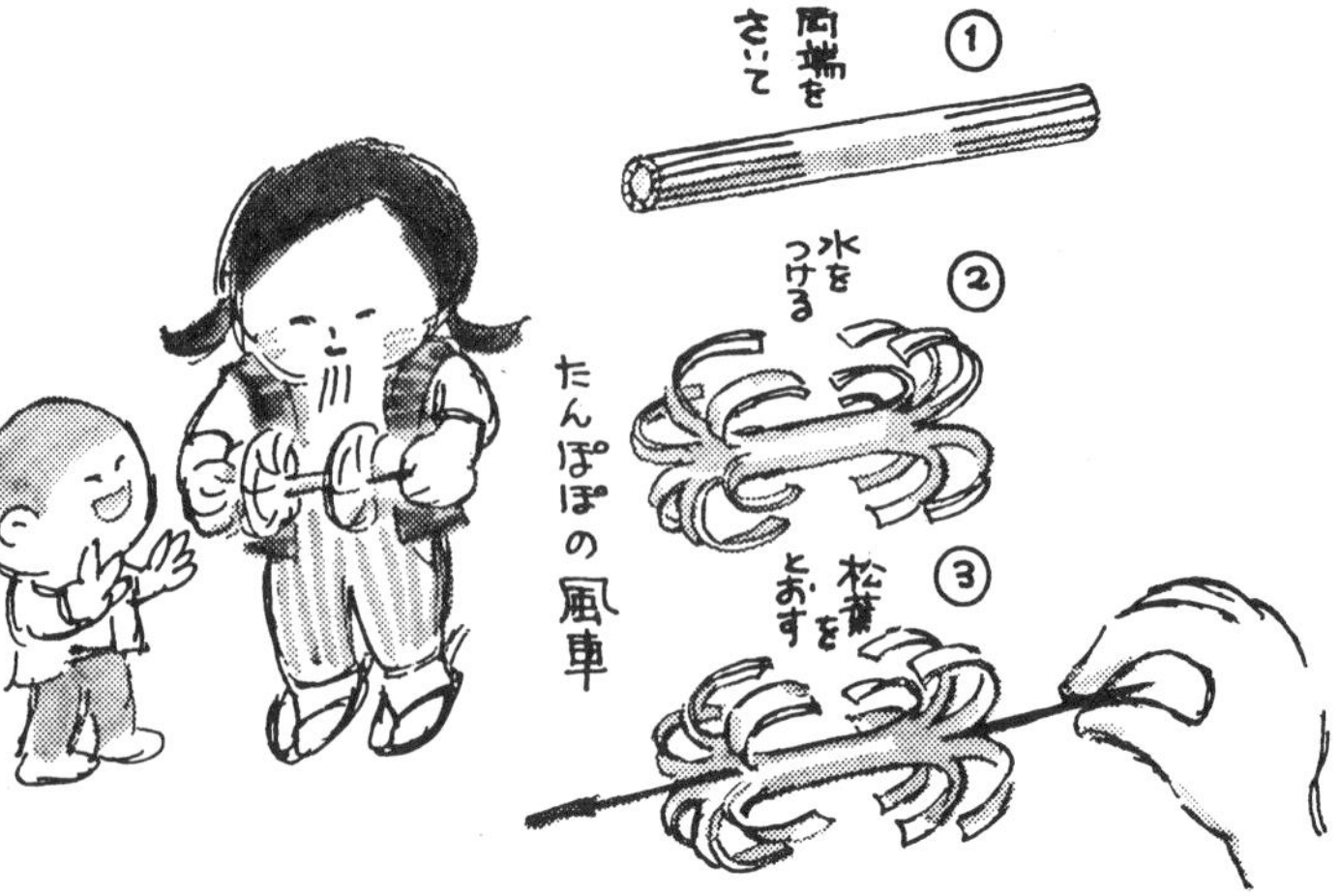

更に両端をいくつにも裂いて、水滴をたらせば、あたかも車のような両輪を形づくってそりかえる。中空の茎に、ほそい松葉を通し、その両端をもって息をふきかければ、タンポポの香をふりまいてくるくるまわるいき車がつくられる。

　松葉のかわりに細い竹などを通し、その芯棒を支える二本棒を、田んぼのみぞや小川に仕掛ければ、流れをうけてかわいい水車となったタンポポの茎は、ひがな一日くるくるとまわってくれる。

　それを作りながら、それをながめながら、子ども達は理科の本や野草の手引きなどよりももっと鮮やかに、そして生きた形でタンポポという植物の性質を知り、生きたよろこびを満喫するのである。しおれた茎が水滴によってたちまち復活したように、子ども達は遊びの中で自分でつかみえたよろこびと知恵によって、生きいきとした黄金の花を、心の中にひらかせるのである。

すっぱいスカンポスイカンポ

野辺のおやつとおもちゃ

本来は他の植物名であるのに、スカンポとよんだり、スイバと俗称されているイタドリは、その頃の子ども達にとっては、みずみずしい食物であり、のどのかわきを止めてくれるオアシスだった。

武生の町を南から北へ大きな川が流れていた。子ども達はおおかわとよんでいたが、九頭竜川の支流の一つ、日野川である。そのおおかわから、いくつもの小川や、灌漑溝が走り、それぞれに土手や堤が並んでいた。そして大きな橋のたもとに、こんもり絵にかいたような手頃な村国山があって、お花見やらスキーあそびの場所となっていた。春はやく、こうした土手や山のふもとに、つくしなどと共に出潮の紅もあざやかに、イタドリの芽が出てくる。葉がややひろいけれど、それはまるでちいさなヘチクダケのたけのこだった。ヘチクダケやモウソウのたけのこは、立派な食料であったから、子どもはむやみと手が出せない。子ども達の自由になるのはこのイタドリだけであった。まもなく節と節の間がすいすいとのび、赤い斑点のある茎がたっぷりふとく、やわらかくなったのをみつけると、

子ども達は見のがさず手折って、小脇にかかえためてゆく。そして道々皮をむいて、中の半透明な緑色のなかみを、かりかりと歯ざわりもさわやかにかじる。すっぱいシャリシャリした青くささは、ああ春になったナと舌が感じる味である。

だがイタドリのよさは食欲だけの対象であるからではなかった。中位の茎を切りとって、両端をさくと、タンポポの茎と同じように厚い茎は皮ごとそっくり返る。中空の部分に細い枝を通すと、タンポポの茎の華奢《きゃしゃ》なのとはちがって、重厚な風格をもった水車や風車ができるのだ。

また出来るだけ太いイタドリの茎をナイフで切って、細工をする。やわらかですいすい切ることが出来るから、手桶やひしゃくや一輪ざしなど、竹細工より容易にこぎれいに作ることが出来る。つくったイタドリ細工は、ままごとをしている女の子へのよい贈物となる。手桶の一つ、ひしゃくの二つももっていければ、たちまち三の膳つきの客と

して迎えられることは必定であった。

なるほど精巧な軍艦のモデルは、本物と見まちがう縮尺で作られていて、かざって見つめれば勇壮かも知れないが、蒸気機関車に変貌してはくれない。ボタンを押すとメガネをかけたワンちゃんが、立ち上ってちんちんする電池式の玩具は、もっとやさしい動作でもいいからほかのことをしてほしいと思っても、必ず本物まがいのちんちんの動作をくり返すだけで、それも電池の消費と共に停止してしまうものである。大人が頭をひねって競って作った商業玩具は、精巧であればあるほど不自由で一面的な面白さしか持ちえない。のびてゆく子ども達が一番ほしいものは精巧さより自由であり、与えられるものより自分の意のままになるものであり、親や商人が満足するものではなく子ども自身が満足ゆくものである。

従って口で、手で、目で、さわり、たしかめ、味い、そして知りえたことをもとに、自由に切ってはすて、失敗し

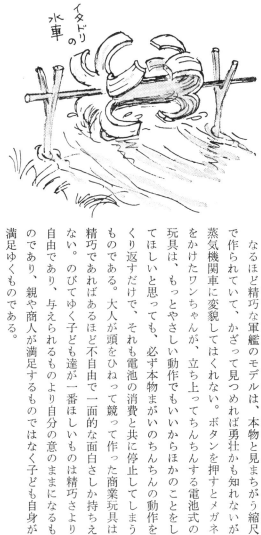

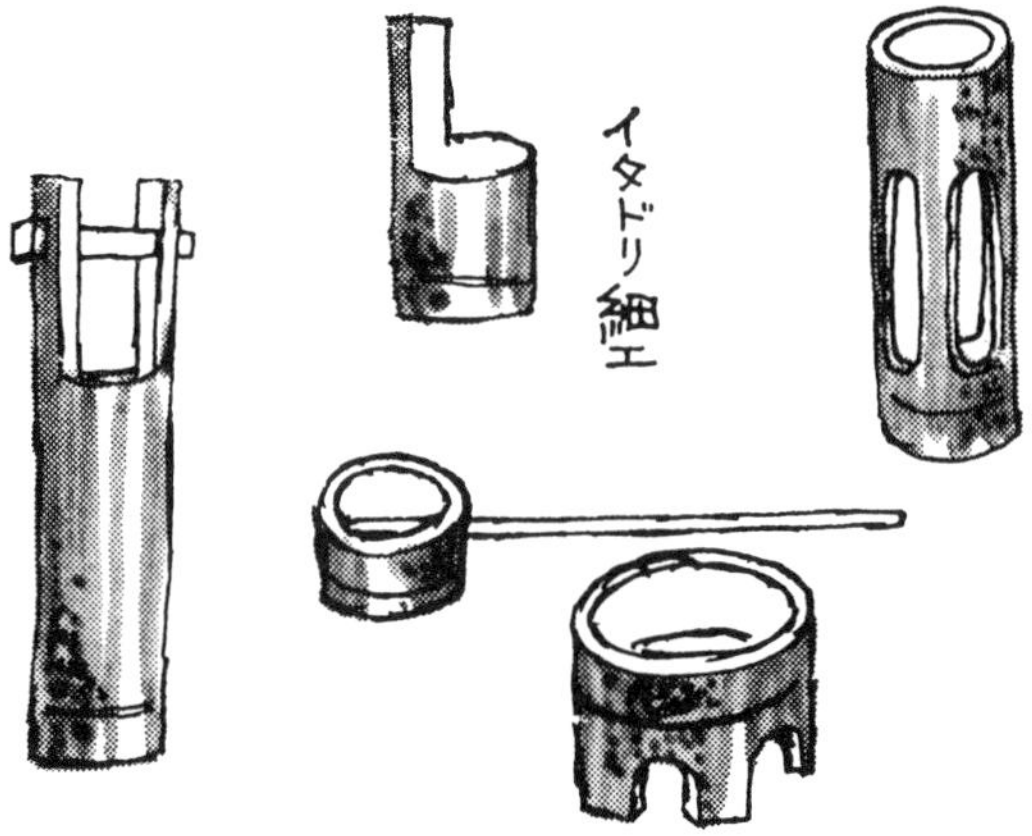

てはまたやり直しが出来、どこからも叱られず、文句もいわれぬスカンポは、子ども達の玩具の材料として、最高の形態をそなえていたということが出来るだろう。自分が主人公となり、自分の意のままに、それを摘み、それをなげうち、それに加える工夫の経過をたのしみ、仕上った満足に自らが笑みをうかべることが出来るイタドリの遊びは、遊びとして最も大事な基本を具備《ぐび》していたということが出来よう。

だから子ども達はスカンポを、イタドリを、スイバをくる春毎に待ちもうけていたのである。ふるさとの春の山や土手の道は、その一歩一歩が楽しい遊びと、みずみずしいのどのうるおいと、面白い玩具つくりのイタドリ街道であった。

ちいさなペンペン草

心に宿るもの

なずなといえば、春の七草の一つの由緒《ゆいしょ》ある野草である。しかし「おぼえてろ！　今にお前の家にペンペン草はやしてやっからな」と使われるときのペンペン草となると、それはもう最も卑俗で役たたずの雑草の代表ということになってしまう。

全国ひろく自生しているこの草は、私のふるさとでも、土手に、あぜ道に、空地に、野原に生えていた。そして子どもの世界では、この野草なずなの、雑草ペンペン草は、とてもたのしいユーモアあふれた遊び草の一つとして、大事に、いつも必ずつみとられていた。

ペンペン草の名の起源は、その遊びと結びついて三つの説が知られている。

第一のものはちいさな白い花が咲き、次々その花托の先にみのった実の莢が三角形をしていて、三味線のバチの形に似ているので、そこから三味線草とか、三味線の音からとってペンペン草とよぶという説である。

第二の説は、形もさることながら、その実を二つ、左右の手の指にもつ。何んでも大人の方がすぐれ、子どもは未完成のものだと考えている人が多いかも知れないが、いかつい大人の指ではちょっとこの実をうまくつまみ持つことはできない。子ども達のちいさな指が、このときものをいうのであるが、ともかく両手にひとつずつ実をもって打ちならすと、つややかな莢の皮がクキクキこすれあってかわいい音がする。その擬音からペンペンと名づけられたという説である。

第三の説が最も子ども達には人気があり面白い。その茎をとって、実のついた花托を、皮をつけたままそっと下の方にひっぱってむくと、わずかに皮によって茎につなぎとまっているブラブラの状態となる。茎から横に出ている実をこうしてみんなブラブラの状態にする。それが出来たら茎の下の方を、親指と人差指でかるく持ち、もむように左右にまわすと、ブラブラの実はまるでイヤイヤをする形で動き、互いにぶつかり

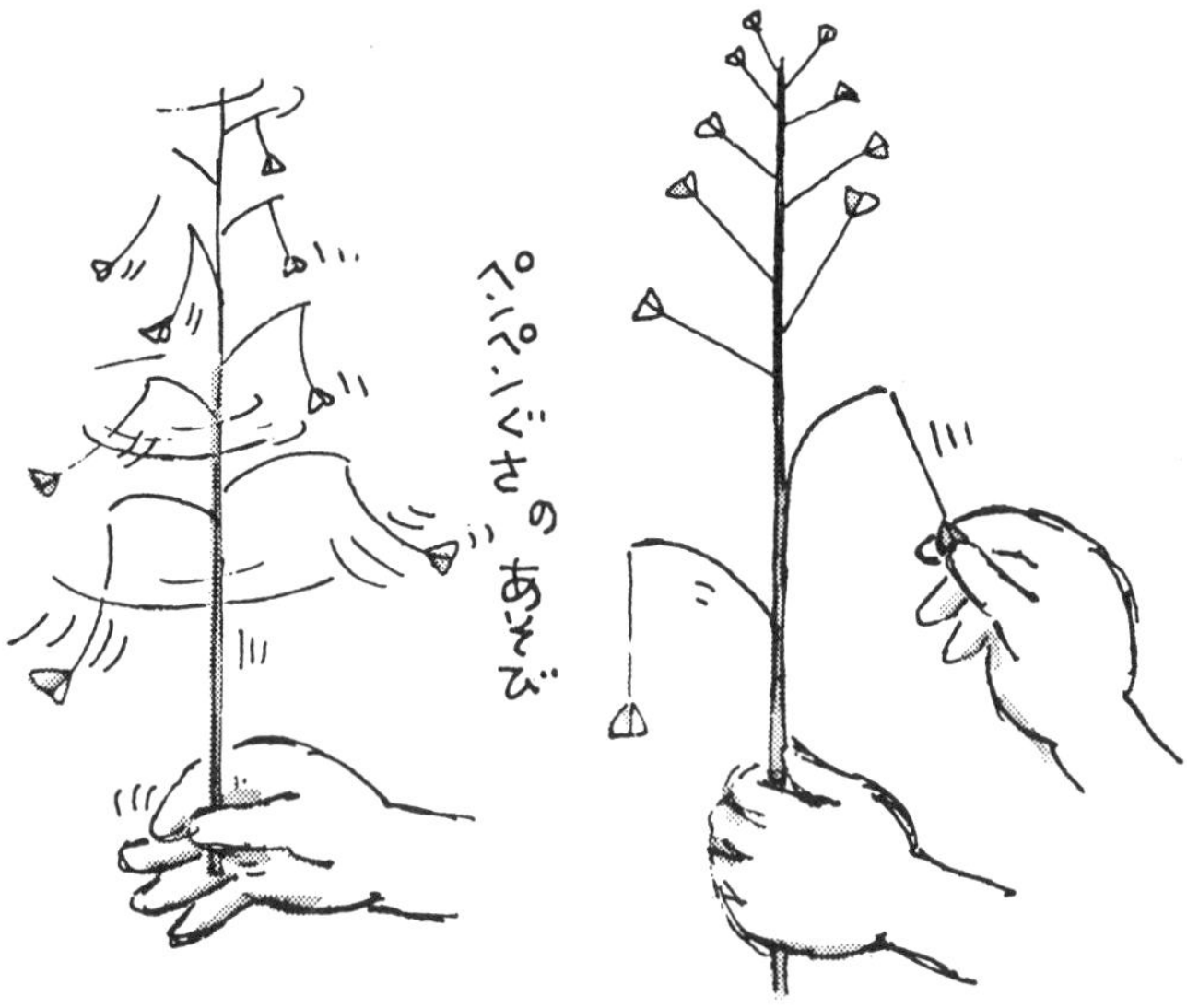

合うこととなる。耳を近づければ、なるほどペチペチとも、ピンピンとも聞こえるちいさな音がたしかめられるのである。

このとき以降子ども達はペンペン草の名の由来をもはや忘れない。面白さとたのしさの中で、自分がたしかめたものは、なんで忘れることがあろう。幼いときの経験であっても、それはしっかりと心に宿らせ手放すことはない。そしてともだちに、となりの子に、わが子に、孫に、ペンペン草の遊びをおしえ、その名の由来を語ることとなるのである。子どものときにそうした遊びに多くの時を過し、たくさんたのしさを味った子の中に、伝承伝播《でんしょうでんぱ》のよろこびとエネルギーがかもされてくるのであろうか。

花占い草うらない

子どもの願いと現実

何も春の花だけとは限らないし、別に野の草でなければならぬこともない。花や葉の形態が手頃に整えられていて、それがすぐに入手できるくらい豊富にどこにでもあるのは、やはり春の野の草花ということになるので、子ども達はそこでいろいろな占いやあてものをすることになる。

子ども達の占いやあてものの対象は、ごくたわいのない、しかし当の子ども達の最も重大な関心事にそそがれる。新しい靴がかってもらえるかどうかとか、こんどの休みに山へみんなでゆくかゆかないかだとか、富山の薬屋がいつもおいてゆくおもちゃは、こんどは紙ふうせんとたたみ人形のどっちだろうかとか、こんやのおかずはうまいもんかとかいうことである。

しかし子ども達だって、夢幻の世界ではなく現実の社会の空気の中で生きていたのであるから、おばさんのお産でとまりにいった母さんが、きょうはかえってくるかこないかとか胸をやんでねこんでいる姉ちゃんは、この次の春までによくなるだろうかとか、今夜は御詠歌の練習の集りを、うちでや

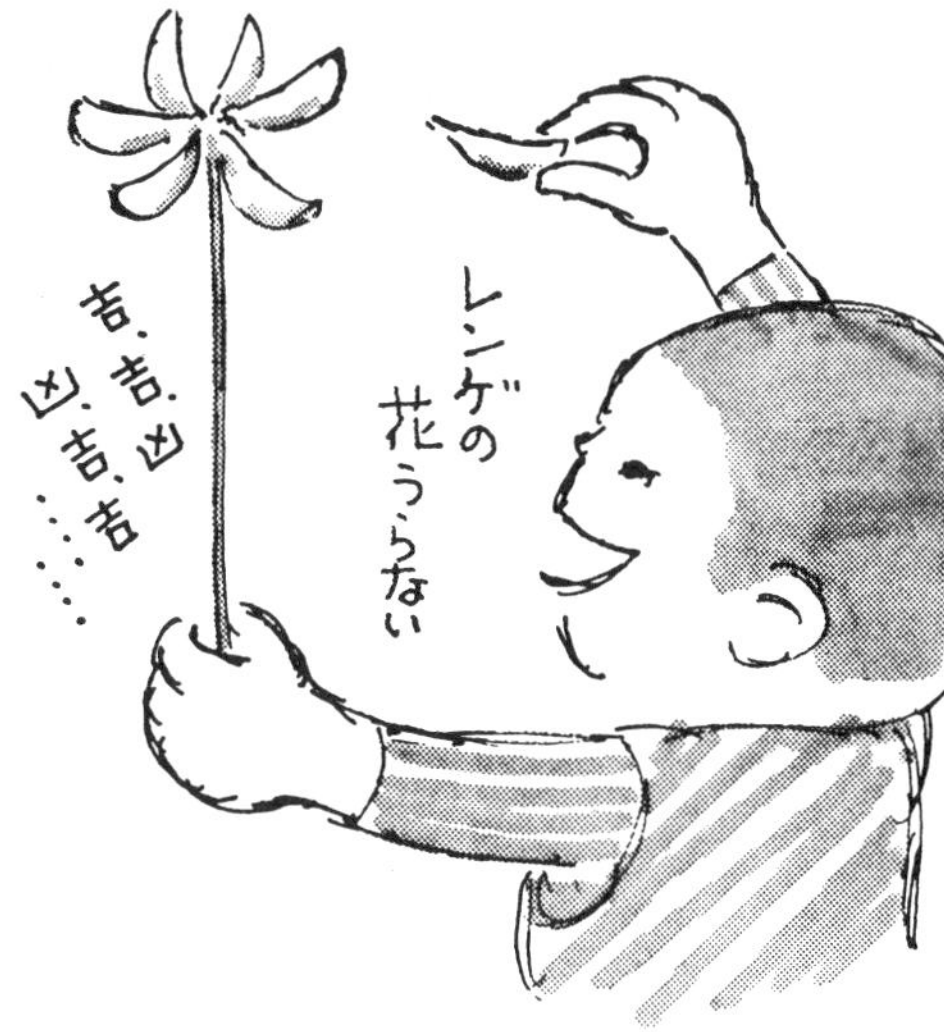

るかやらぬかとか、選挙の運動にかり出されて、それこそたまに乗った自動車が、これまたたまにしか通らぬ軽便電車と衝突して、怪我をしたお父ちゃんの足はどうなるのだろうかといった、極めて人間くさい心配事も、子ども達の心を大きく支配し、従って占いの対象にされていた。

花占いというと、桃色にぼかされた甘い美しいきれいごとときめつけている大人の趣味とはことちがい、子ども達は、子どもであるから求めるものと現実とを、両方ともしっかりおさえて離さなかった。

その占いにつかわれるのは、タンポポでもいいし、レンゲでもかまわない。クローバーやタビラコ、ジシバリやニガナなど、きいろや紅や白の花の柄をとって、その花弁を一つずつ、次の「ことば」をとなえながらつみとってゆく。

〽吉《きち》、吉《きち》、凶《きょう》
凶、吉、吉

吉、吉、凶

凶、吉、吉……

そして最後の花弁が吉に当っているか、凶に当っているかで、占うもののよいか悪いかを判断する方法である。西洋流の「すき、きらい、すき…」という単純なくり返しより、ここではその組み合せと順序が複雑になっているところを私は評価する。

別な言い方のものでは

〽よいこと、わるごと、おおわるごと
わるごと、よいこと、おおよいこと……

というのもある。タンポポの花のように、多数花弁がありすぎるとき、めんどうになって途中いくつかを一ぺんにぬいてしまうこともある。しかしその影響が最終に至って、悔いとなって残るか、ついてる！ということになるかはこれまたたのしいところである。

こうした花弁によるうらないの他、カラスノエンドウ、スズメノエンドウ、マメ、ニセアカシヤ、フジクサ、ミカンソウなど、マメ科等の複葉形をした葉をとり、花弁と同じように葉をちぎりながらの葉っぱの占いも行なわれる。

こうしたうらないごとの中で、子どもの最も関心のあるものは明日の天候である。明日の天気を占う言葉には

〽はれ、はれ、くもり
あめ、あめ、くもり
はれ、はれ、くもり
あめ、あめ、くもり……

というのが専門（?）にあって、天気の方をつかさどっていた。そうすると草花占いでは雪は出てこないのか、雪の占いのときはどうするのかという愚問を発せられるむきもあるかもしれない。幸か不幸か、その冬季には草花が枯れてしまうため、雪が不要であるのか登場してこない。しかし後述するような他の天候気象占いが用意されていて、そこではちゃんと雪の項目が準備され、御心配に対応していたのである。

白いチガヤの甘い味

草あそびの傑作

五月頃になると、おおかわの土手のチガヤの芽から花穂がのぞいてくるようになる。子ども達はその銀白色を見つけると、もう充分な時分どきとおもい競って朝早く、露にぬれた土手にのぼり、まだ穂の出ない苞をさいて、その中のしっとりしなやかな若い穂を口に入れる。銀色やうすみどりをしたその穂からは、ホノとした甘さと草の香がやわらかに口に感じられる。まずければしがんですて、おいしければそのままムシャムシャたべる。これがその頃の子ども達の春の天然のおやつだった。

すでに万葉集に「わけがため吾が手もすまに春の野にぬける茅花《つばな》ぞめして肥えませ」とあるように、チガヤの花をたべることは、古くから行なわれていた。だから童唄にも

〽けんけんつばな　けんつばな　今年のつばなはようでけた
　活けておくよりつんだ方がましや　耳にまいてすっぽんぽん　（大阪）

〽つんつんつばな　人の目に見えな　おらの目に一寸見えろ　（高知）

〽ツバナツバナ　一本ぬいちゃきりきり
　二本ぬいちゃ　きいりきり（東京）
〽長吉こい長吉こい　こうとりしょ
　こうとる間に　みなたけてしもた（和歌山）

と数多くうたわれているのである。

この童唄に見られるように、銀白色の穂はやがて白いうさぎの尾のようなふわふわの棉毛となってほうける。それを耳にくるりとまるくまくと、冬季毛皮でつくられた、あたたかな耳おおいの如くになるので、子ども達は耳かざりとしてつけて遊ぶ。

花穂の出初めのときは、しっとりと緻密にくっついているため、その穂をとって投げうつと、それこそ銀剪一条キラリと光りながら、手裏剣か矢のようにまっすぐにとんでゆく。しかしほうけて棉毛がまるくふくらんだ穂を、これまた投げるなら、ふわりと葉巻型の飛行船かちいさな棉雲のようにかろやかな弧をえがいてとんでゆく。子ども達は地にひいた線から足がちょっと出たとか、いや出ないといってこの「ツバナとばし」とか「ツバナなげ」の遊びをする。それはとばした距離を競うときや、前の落ちているツバナに、重なればとることが出来るという遊びと

して、ちいさな子ども達にも好まれる。

また白くほうけていないツバナの穂をみなでたくさんとり、縁側などにつみあげる。そしてはなれた所から、勝った者から、片足でとびながら、ツバナの穂を手をつかわずに、口でできるだけたくさんくわえ、再びもとの所まで片足でかえってくる〈ツバナかみ〉という遊びがある。ツバナの穂はそろっていないため、せっかくくわえても、とびながら帰る途中で落ちてしまうので、なかなかたくさんは、くわえられないものである。

また〈ツバナがえし〉あるいは〈ツバナさし〉という優雅な華道的（？）遊びが競われた。各人がつみとったツバナの白い穂を、おのおの同数手にもち、他は出し合って束とする。ジャンケンで勝った者がそのツバナの花を上から地面にパラパラと円をえがきながら落としてゆく。すると落ち

た地上のツバナの穂が互いに重なり合って三角や四角の目をつくる。この目の中に、手もとのツバナの穂を、他の穂にさしてゆくのである。もし他のツバナにふれたら次の順の者にかわり、こうしてはやく持っていたツバナがなくなった者が勝となる遊びである。この楽しさは子どもでないと味わえない。しゃがみこみ、ひざやお尻を泥にこすりつけてやってこそ、はじめて面白いこの遊びは、正しく子どもの遊びそのものである。

単純な中に、小島の羽毛のように軽ろやかで、うさぎの尾のようにふわふわ白いチガヤの穂の性質を巧みにいかした、草あそびの傑作の一つであろう。

すもうごっこすもう遊び

闘争好きの故か?

現在はもうしょっ中、本場所があって、地方ですもうの取組があることは少ないかとおもわれるが、その頃は僅かな本場所以外は、ほとんど各地を関取衆は巡業してまわっていた。そうした大相撲御一行様が、ふるさとの神社の境内で小屋がけの巡業を行なったりする影響もあってか、男の子はよくすもうをとった。小学生の上級ともなると、いろいろな技を駆使するけれども、ちいさい子は単純におし合いの力くらべである。

そうした正式(?)の力ずもうの他、いろいろなすもう遊びが、子ども達の間では折にふれ条件に応じて行なわれる。

指ずもう(言わずとしれたすもうのミニミニ版。互いの手の四本指を組み、残った親指をうまく動かして相手の親指を押え、数える間にげられなければ勝となる遊び。案外お父さんがちっちゃな子どもの指先の力におさえこまれたりするものである)

腕ずもう（机の上でひじを立て、手をにぎりあって、相手の手の甲を机につけたら勝となる。これはやはり腕の力のつよい者が勝者となるが、ひじが机から離れたり動いたりしては負）

手ずもう（たたきずもうともいう。二人で向いあって立ち、足の位置を動かさないようにして、互いに手だけを接したりたたきあって、相手を動かした方が勝）

坐りずもう（向いあって坐りながら上体を組み、尻をうかせたり動かさないようにして、相手の体を動かした方が勝）

足ずもう（坐って片足を前に出して向き合い、その出した足を両手でささえながら足だけを使って相手を倒したり、手を足から離させたりしたら勝）

片足ずもう（腕組みをし、片足で立ちとびながら、相手にぶつかり、両足を地面につかせたり、組んだ手をほどいたりさせた方が勝となる）

引きずもう（互いに半身にかまえて片手をにぎりあい、その手を引きあったり押しあって、足の位置を動かさせた方が勝）

尻ずもう（互いに後ろむきになって立ち、尻をおしたり引い

うでずもう

手たたきずもう

すわりずもう

足ずもう

片足ずもう

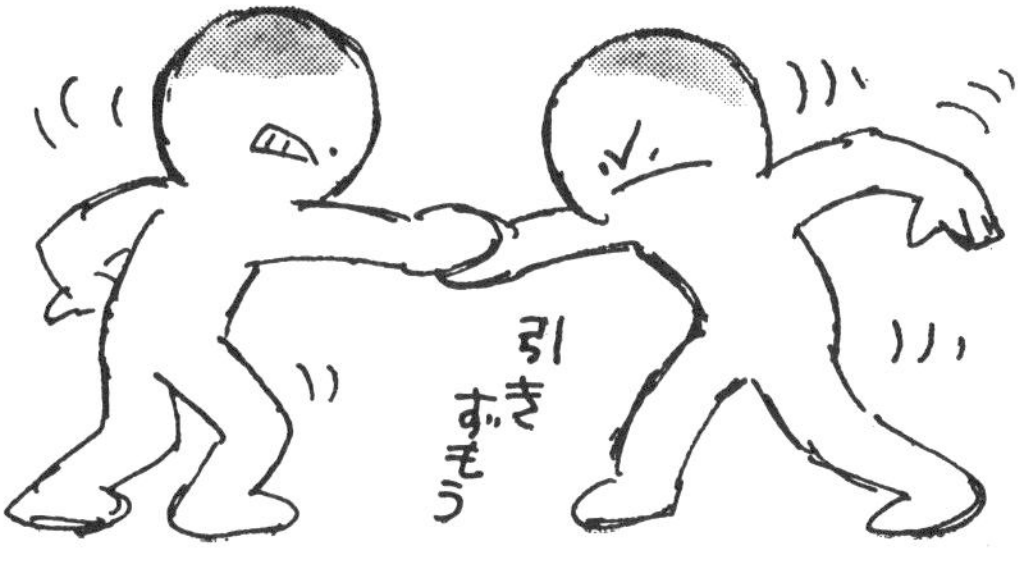
引きずもう

たりして、足の位置を動かさせた方が勝）

これらの他、首ずもう、耳ずもう、鼻ずもう等があるが、これらは少々ちいさい子には危険がともなうし、やっている本人にはそう面白いものではない。だから子ども達のすもう遊びとしては、以上のような種目取組が、折にふれ、時に応じて展開されることとなる。

人によると、生物本来の闘争本能から、相手を倒し、勝負にかたねばならぬ習性のため、すもうのようなとっ組み合いを好むのだと考えたり、そうしたことを助長する方針で、すもうを指導される方がいる。こういう考えは子どもにとって少々こまるのである。子ども達は何のことはない、手をからませたり、体をすりよせて、ごろごろするから面白いのである。猫の子じゃあるまいしといわれる方があるかもしれないが、猫や犬の子とおなじように、肌をよせ、体温をぬくもりを互いに接しあっていることが、子ども達にとってとても楽しいことなのである。

終戦後、時間が来なければ授乳はおろか、抱きもあやしもせずに放っておくことがあたかも進んだアメリカ式育児法であるかの如く、斯界の指導者たちが言いふらすものだから、母親たちはそれに盲従するという一時期があった。ところが当のアメリカでは、こうしたことによる子どもの欲求不満が大きな障害の原因となっていることがわかると、「母親の心臓の 鼓動は最もよい 安眠楽である」とか、スキンシップとかいう新語が大発見の如くさわがれ、またもや日本に流れ込んで来た。

子ども達はアメリカ式であろうが、スキンシップであろうが、もうとっくの昔から、親しいともだちと体をよせあって、くちゅくちゅすもうをとったり、寝ころびあうことの、たのしく、面白いことを知っていたのである。この猫の子のような自然の望みを満喫するあそびとして、子ども達のすもう遊びが、工夫されて来たことを大人ははっきり考えてやらなければならないだろう。

ゆびきりげんまんとなえごと

遠いかなたに消えたもの

子ども達の世界には、子どもなりの苦労と人間関係がついてまわっているものである。そして子どもどうし明日ははやくから草の実とりに行こうとか、この次面白い本をかしてあげるとかの、いろいろの約束をする。子どもだから、そういう切なる願いは多いし、生きた人間だから忘れもする。忘れた方《ほう》も、忘れられた方《ほう》もなかなかよくすっかり失念していることさえあったりする（！）。

そうした約束事の忘却を防止するため、子ども達は小指を互いにからめて次のようなちかいの歌をうたって契約のあかしとする。

〽ゆびきり三年　小指がくさる

〽ゆびきりげんまん　うそついたら
　針千本のーます

〽ゆびきりかまきり　針一升米一升

ゆびきり
げんまん
うそついたら
はりせんぼん
のーます

〽ゆびきりホーホー　針の穴くぐるまで
〽指きりげんまん　うそついたら百万円
針の山へとんでゆけ　山からころげて血が三杯
〽指きり金きりやね屋のおばさんが
指きって死んだ　それがうそなら
地獄にとんでゆけ
〽ギリギリぎっちゃんぼ
うそついたものは　やぶれたザルに
血を三杯　銀のかんざし　十三本

どうしてどうして、その執念の恐ろしいばかりである。

しかし小指をからめるのはせいぜい四歳頃迄の子か女の子である。五歳以上の男の子ともなればその約束の方法はちとちがってくる。手を互いににぎりあって、親指を押しつけながら前述のことばを言う。そして終った後、男同士のちかいの印しとして、地面につばをとばし、約束を完結する。

さて、こうした約束をしたり遊んだりしている間、子どもにも子どもなりのなやみや心配事がちいさいながらも惹起《じゃっき》する。二つに割ったお菓子のどっちを兄《アン》ちゃんにやったものかと迷うとき、皆でとってきた小魚を分配するときなど、選別択一のとなえごとを子どもは活用する。

〽どちらに　しようか　うらの　かみさまの
　ゆうとおり　どれどれどれだ
〽どれにしようかな　からすにきいたら
　よくわかる　えのえのえ
〽どっちにするか　ナのナのナ
　やまのかみさま　まっくろけ

最終の位置がどうも気に入らず、ふにおちないとき、自分のなっとくのいく場所に合致するまで、適当な追詞がいくつもくっついてくるところが真剣な愛嬌となっている。

また、一緒につれてきた妹や弟がころんだりして泣き出したとき、ちいさな兄や姉は、その打ったひざ小僧やひじをさすりながら、次のようなまじないことばであやしなぐさめる。

〽ちちんプイプイ　おしゃかのはなくそ
〽いたいいたいいたい　とんでゆけー
〽チチランカンプン　遠いお山へ　とんでゆけー
べそをかいていた弟や、泣きじゃくっていた妹には、こうした兄ちゃんの声がどんなにうれしかったことだろう。だからもっと大きな声で泣きつづけたり、姉ちゃんの、母ちゃんほど大きくない背中にしがみついて夕ぐれの中を帰っていったのである。

子ども達が約束事やとなえごとを言い交していたあの幼い日は、その言葉と共に遠いかなたに消えて行った。しかし約束や願いごとにせい一ぱいの誠実さと真剣さをこめて、その日その日を送っていた態度は、消え去ってはならないだろう。遠い所へおいやることは、人世を自ら放棄することでもあろうからである。

ささ舟さらさら

舟を見送る想い

私の生れた家は、めぐりを日野川へそそぐ小川が流れていた。庭つづきの畠の先の南側を、森の中の沼からわき出た川が流れ、大川から水門を経て流れる水路が西側を走って、その南の小川と合流していた。この南と西を流れる小川は、私の楽しい遊び場であった。特に北西の角で流せば、ずっと西から南へとめぐる間楽しむことが出来るので、ささ舟をつくっては浮べ、浮べては流し、競争させ、その舟と一緒に川のふちを走り、そして見えなくなるまで見送るのを常としていた。

ささ舟といっても、その作り方はいろいろある。普通のささぶね、ほぼしらぶね、ほかけぶね、ほたてぶね、ろかいぶねなど――ささやたけの葉だけではなく、折った葉を三分することのできる平行脈のあるものなら――イネ科の植物であればよしやかやの類はみな「ささ舟」型をつくることが出来る。舟の上に広い円形の葉や松葉を組み合せたり、帆柱や船頭らしきものをつけるかどうかはもうそのときの気分とかそのとき手元にはえている草の故であった。

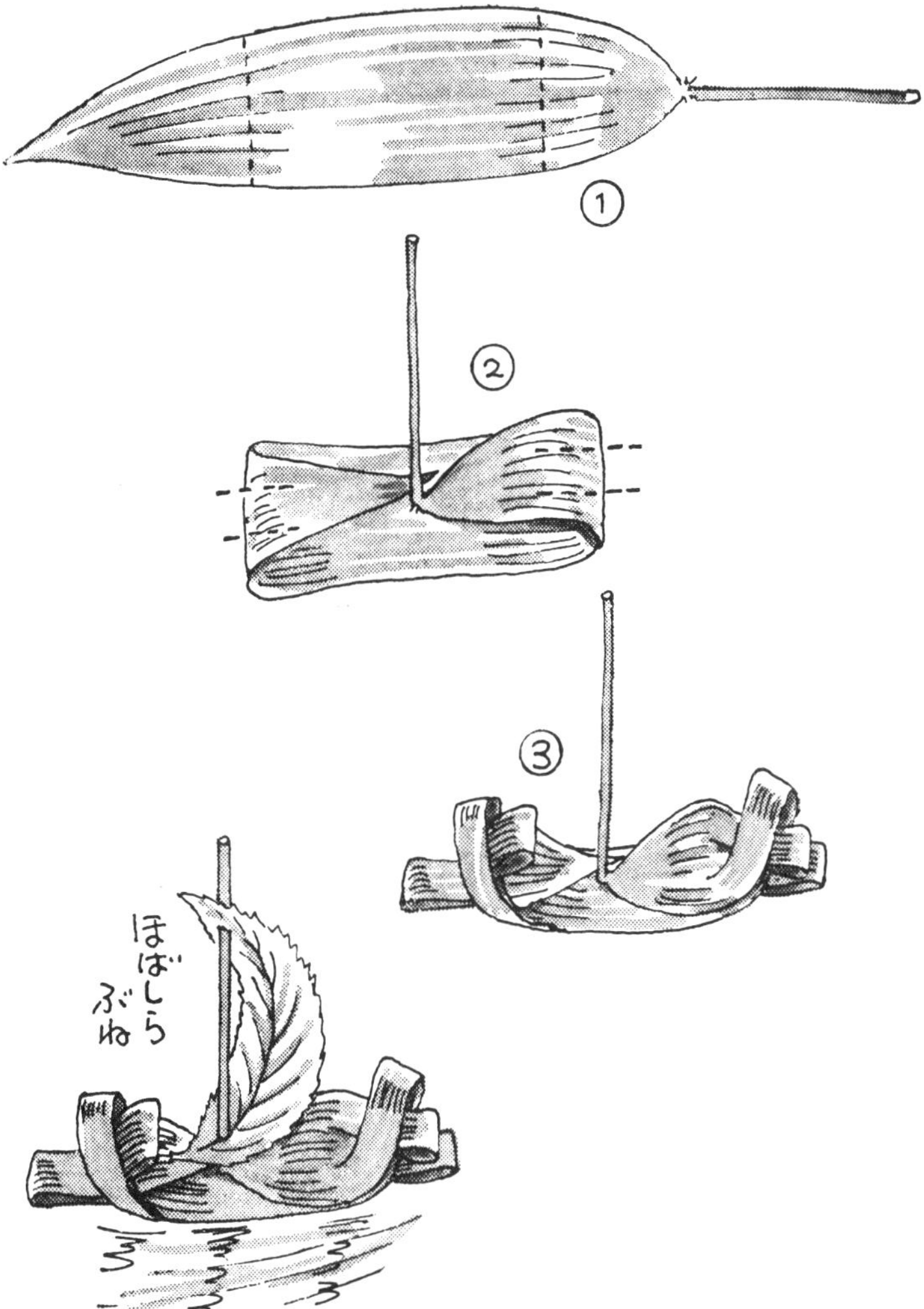
①
②
③
ほばしらぶね

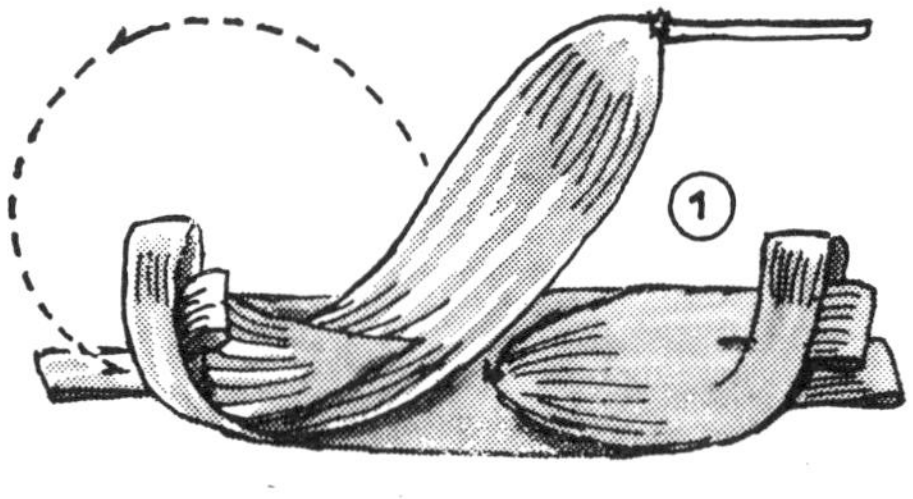

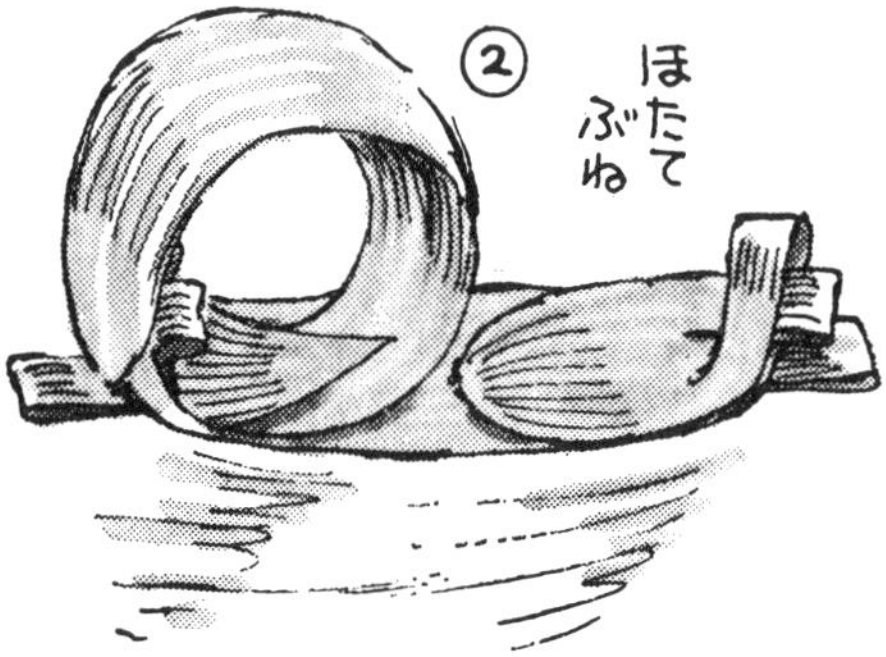

ほかけぶね

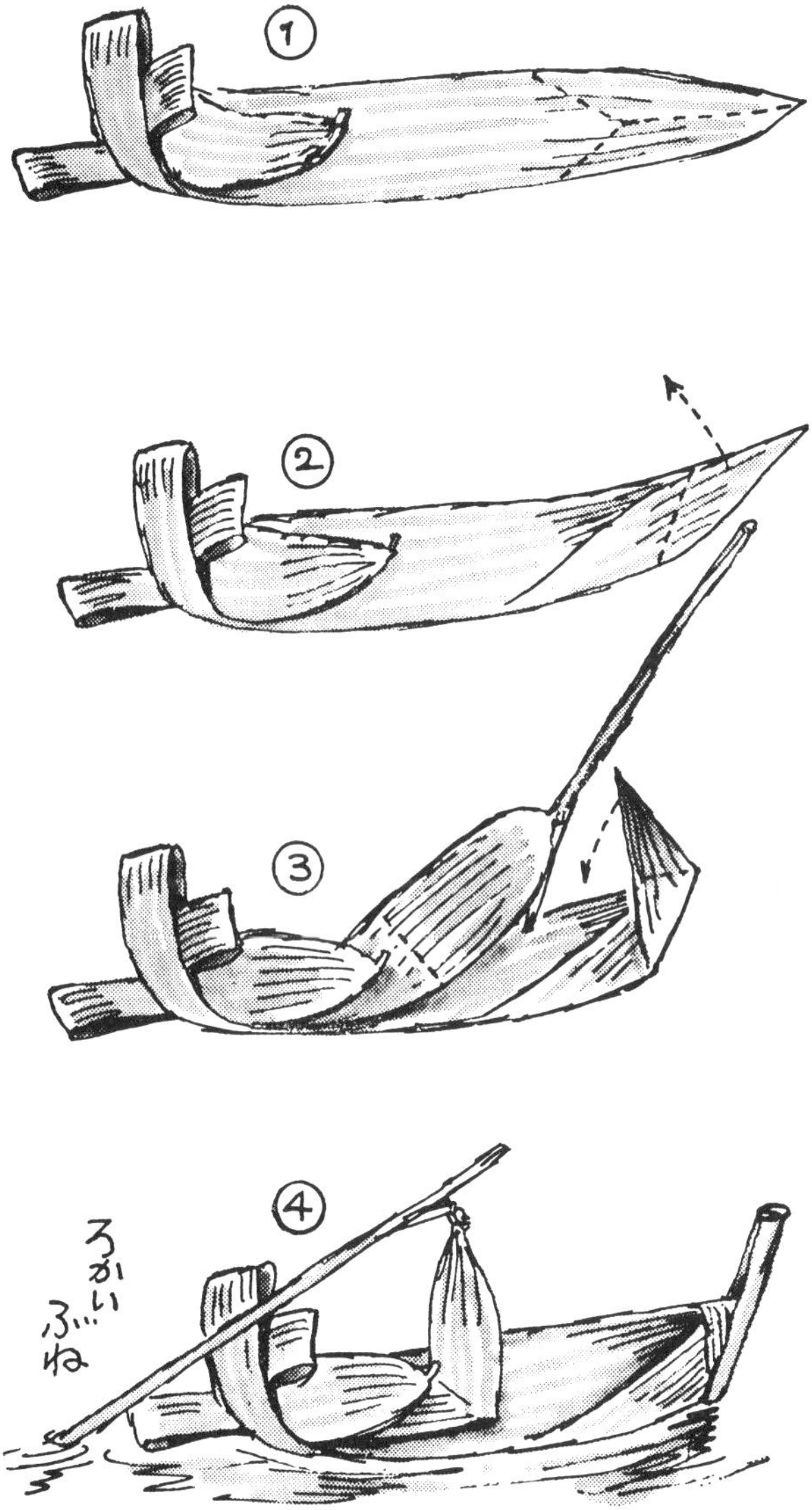
①
②
③
④
ろかいぶね

素朴だとか郷愁でささ舟を見るのは大人であって、子ども自身は、自分が船長になり船主になり造船技師になれるから、ささ舟がたのしく、だからあかずに一緒に川岸を走るのである。

　ささ舟と共に、流しものといって長く長くつないだ草の茎や葉のひもを、まるで去りゆく船を送るテープのように、一端を手にもって川の流れに長くのばす遊びがある。草のひもはうねうねと流れのままに身をまげている。それを惜別をこめて手をはなす。流れる水にのりながら、その草のひもが「く」の字にまがり「の」の字にくねって去りゆくのをやはりあかず見送る他愛もない遊びである。

　後年中学生の私は、第一回芥川賞を受けた石川達三氏の『蒼氓』をよみながら、さまざまな恩讐や哀歓を秘めて出てゆく移民船のちぎれたテープの場面に、「姉しゃん」と叫んで涙する農民の姿に、いつか幼い日、小川に流したあの草ひものやるせない惜別感をおもいおこした。

「姉しゃん、テープ投げれ、どこでもええ、日本さ投げれ、日本さ！」

ござの座敷のままごとごっこ

一汁一菜の主婦習練

ままごとは女の子の遊びであるけれど、幼い男の子はちゃっかりとお客さんなんかになって招待される。ござを持って出てくる子はその家の女あるじとなって「だめじゃない、もっとお客さんは上手にたべなきゃー」などと叱りつける。ござといっても、畳がえをしたとき出てきた、もう表も裏も使ってしまって不用になったものだとか、ごわごわのむしろだったりして、長くすわっていようものなら、子ども達の足に波型もようが転写するしろものだった。そんな波高き座敷だって、子ども達にとっては、こった数寄屋づくりの方丈よりもっとすばらしい所であった。

出されるのは、ビールの栓やのりのフタのお皿にのっているならいい方で、葉っぱにもったタンポポのちらしずしや、ツクシののりまきやイタドリのおつくりといったもの。ときによるとナワシロイチゴなど、そのまま本当にたべられるものもあれば、ささの葉を三角に順次おりたたんで、それに柄を通してつくったちいさなチマキや、まるい葉をまいた緑のこぶまき、黒いどろをちいさくまるめて、

ままごとあそび

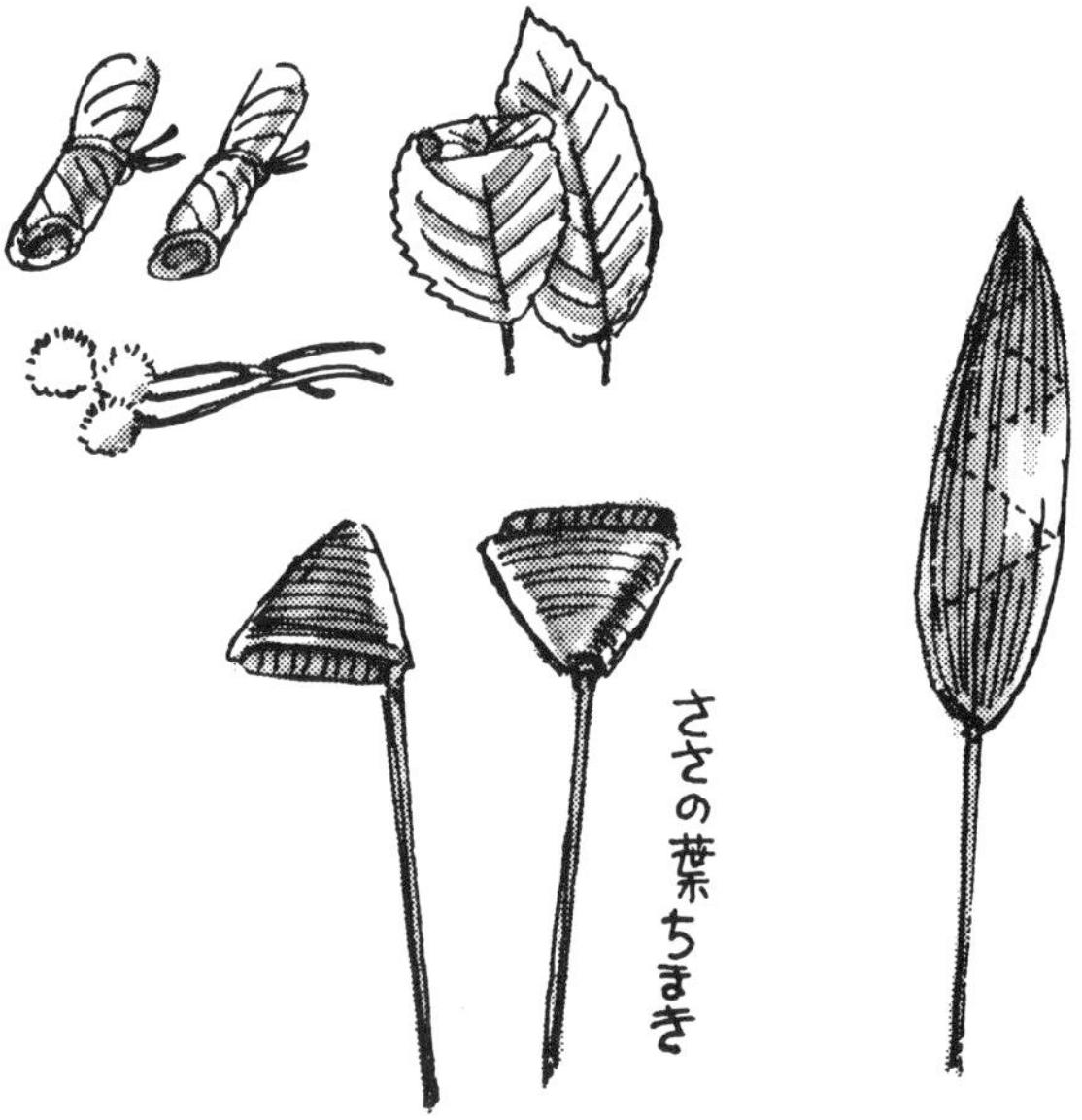
ままごとのこぶまき
ささの葉ちまき

その頭にポチポチ白く乾いた土をふりかけた、食慾を大いにそそるダンゴなどがあった。

それらをムシャムシャたべるまねをして「そんなにたくさんのりまきは、たべるんじゃないのよ」と女あるじにおこられても、どれが赤飯やらおすしやら、わからぬのだから無理というものであった。そうかとおもうと、つくってくれる女の子によっては、その頃の家庭状況を反映してか、一汁一菜の簡にして素なるお座敷もあった。こんな子は今頃さぞしっかりした主婦の座を確保していることであろう。

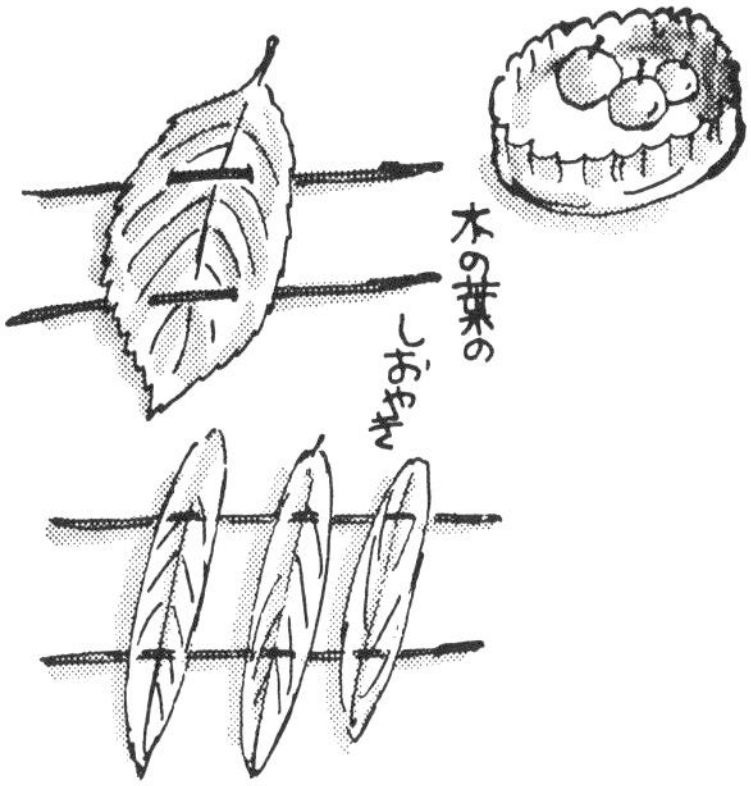

そうしたままごとあそびの中で、それをみたときおもわず本物を思い出し、これはなかなかいけるなと子ども心におもったごちそうがあった。春に出たまだやわらかい草の葉に、松葉を二本ぬうようにしてさしたものである。その葉っぱがやや巾広ければカレイかヒラメ、すこし小ぶりであれば、ふんぱつしてタイのしおやき、細長ければイワシかニシン（その頃はこの魚はそれこそ安い魚の代表だった）もっと長ければウナギである。
七輪で炭火でやかれていたあの魚のこうばしいにおいや色や音をほうふつさせるこれはままごとの傑作であった。私は何度そのござの座敷で空茶をのみ、緑色のタイの松葉やきをたべたことだろう。

陣とり場所とり地面とり

どろだらけの楽しさ

地面とりの遊びのよさは、地べたとの接触にある。ひざやお尻や手が土にまみれ、どろでまっ黒になるから面白いのだ。

家にかえれば、手足を洗わされ「まるで下駄ばこみたいなにおいがするよこの子は」といわれながら、お尻のほこりをパンパンたたかれる。その危険をおかさなくては、地面とりの面白さは自分のものとはならない。

地面とりの遊び方は、各種の方法があるが大別すると三つに分けられる。

第一はおはじき式のもので、四角のわくをかき、その角を夫々各自の陣とする。自陣に石をおき、かった者から、石を指ではじく。止まった所まで自陣から直線をひく。何度目かで、石が四角のわくへ達すれば、その石のたどった線の所が自陣の領土となる。もしそれまでに他の者の線と交叉している線があれば、早く到達した者に占有権が与えられる。だが更にその国境から侵入した線が、四角の

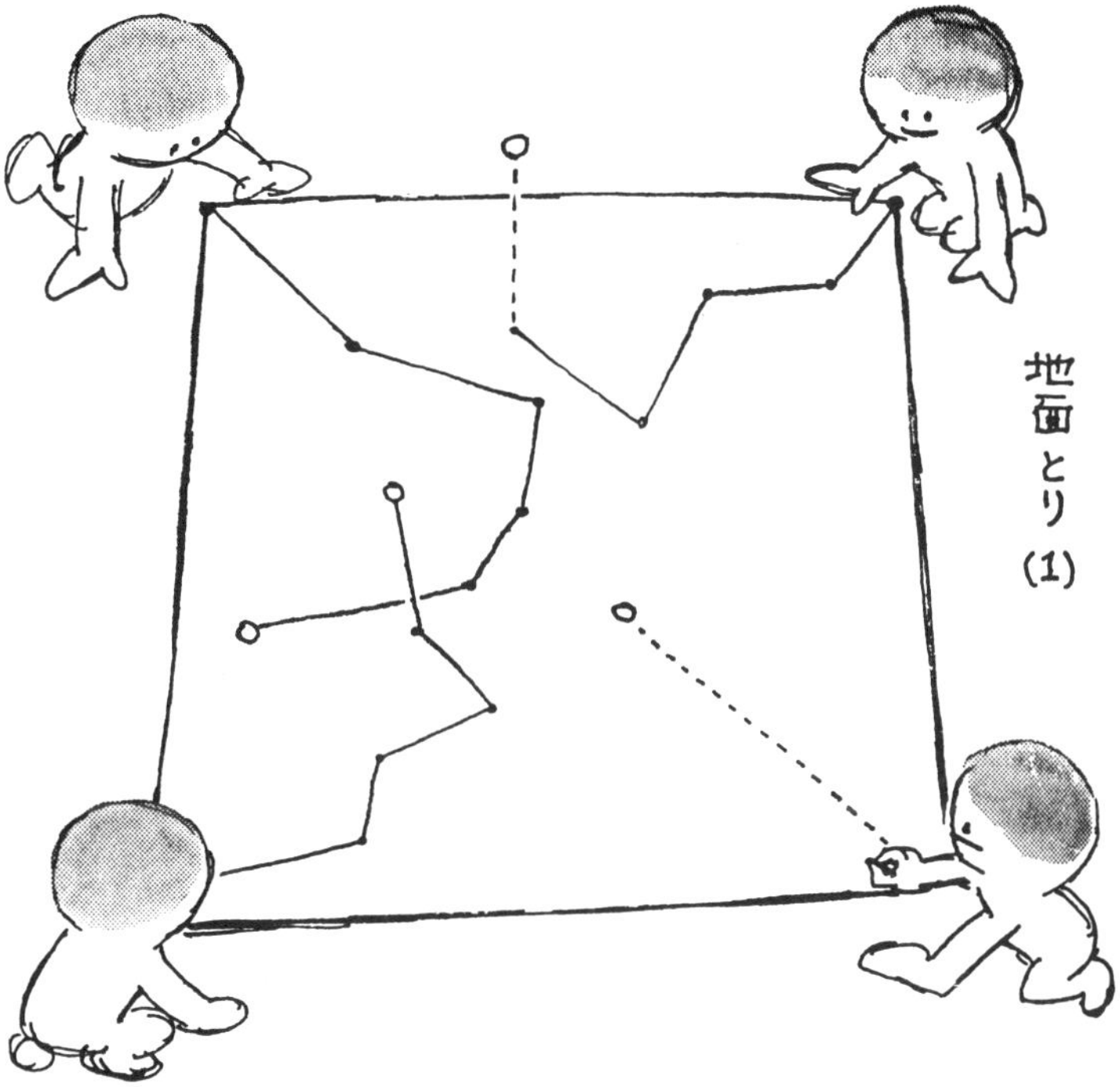

地面とり(1)

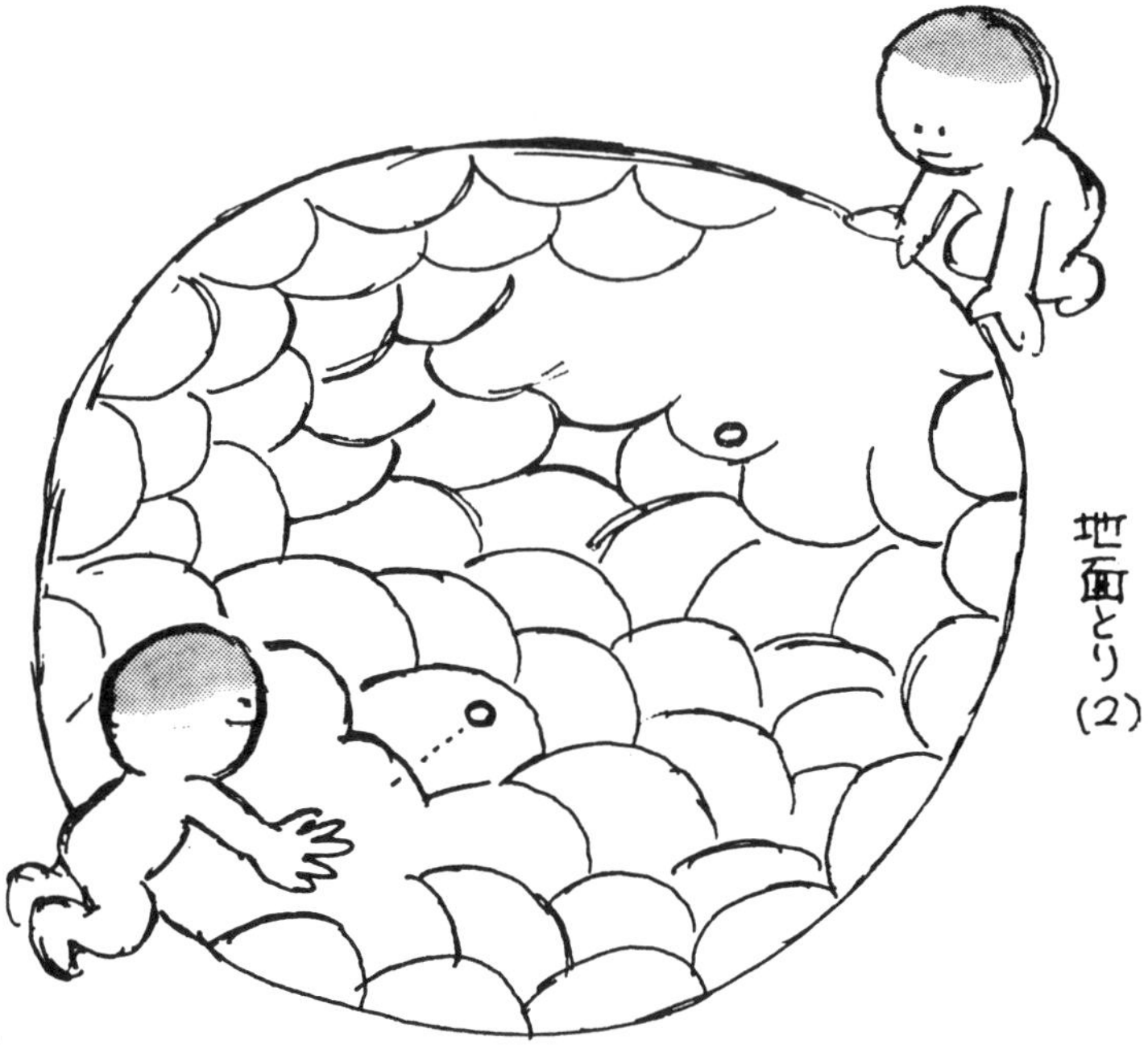

わくに達すればその領土を割譲しなければならない。こうしてはげしい攻防が続けられる遊びである。

第二のものはウロコ式のものである。円や四角のわくの中に、波型というかウロコの如しというか、半円形の重なりをくまなく書きつくす。まわりからウロコ型をかいてゆくから、当然中心部はバラの花の芯のような形となる。このわくの中で各自おもいおもいの所のはしを自陣とし、順に一回ずつ石をはじいてゆく。うまくとなりのウロコ型のわく中に石が進めば、その境を手でけす。こうして次々隣のウロコをせめてとり、一番大きく自陣をひろげた者がかちとなる。

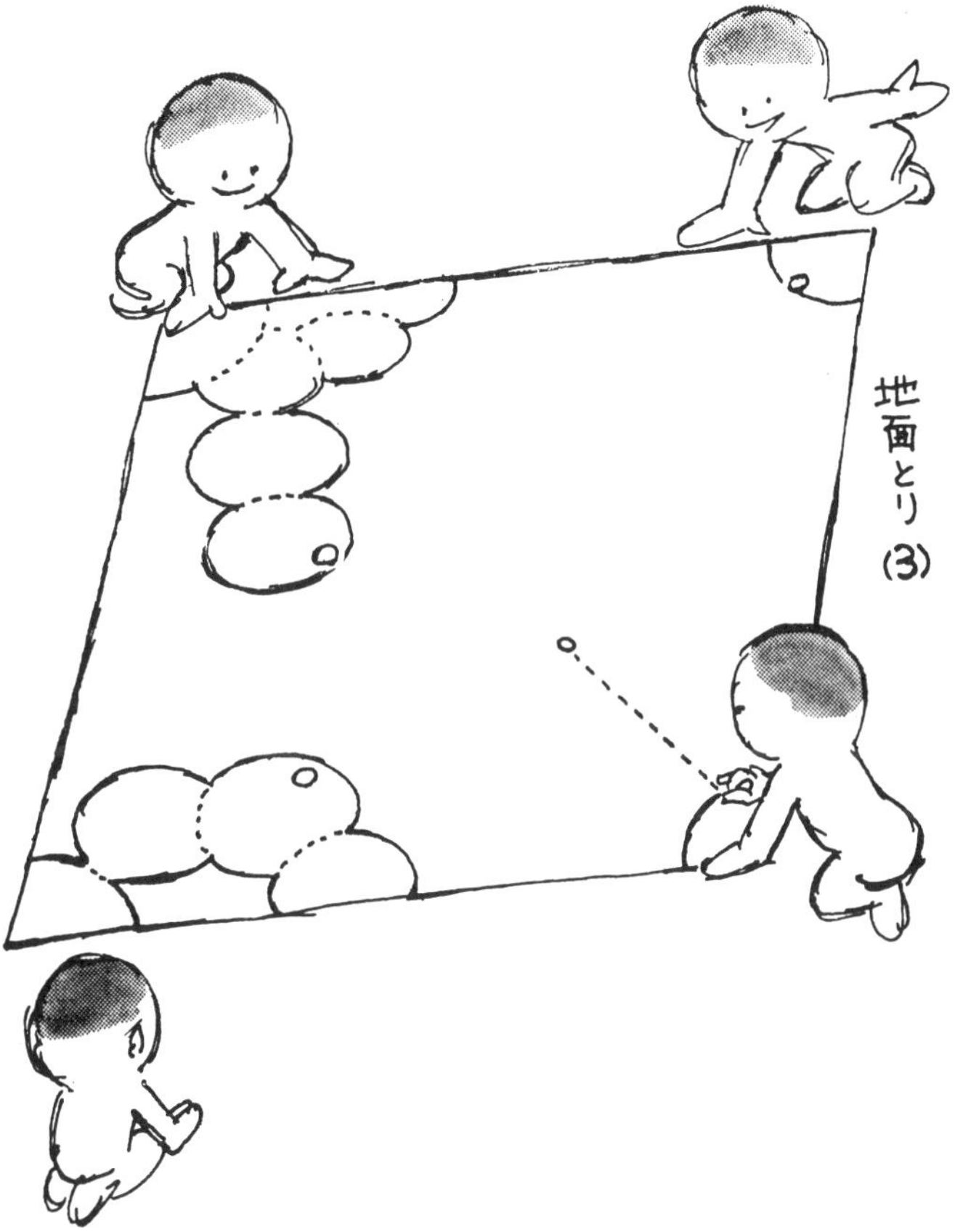

地面とり (3)

第三のものは子ども達がテンパスとよぶもので、第一第二のいわば複合型のものである。四角のかこみをつくり、その角から石をはじく所までは第一と同じである。石が止まったら、その石を中心として、手の指をコンパスにして円をえがく。手のコンパスだからテンパスという新語がここで誕生する。そのテンパスの円が、もとの出発点に達していなければ、それまでの行動は抹消する。従って最大手の長さの半径の倍までしか延長せず、その長さの円しか領地は大きくならないという制限を伴って、子ども達は指の短きを嘆じつつ、指とひざをまっ黒にして、テンパスを夢中になってえがきつづけるのである。

かたい土の地べたが「陣とり」あそびの場であり、その「地面とり」のフィールドは、土ボコリの立ちこめる子ども達の時を忘れる戦いの場であった。

やせた先生のおさらい唄

仙女の手さばき

田舎町なのにめずらしく、遠くはなれたお寺に——名前は不明確であるが斉円寺だったと記憶している——幼稚園が設けられていて、私は一年間そこに通った。

その頃すまっていた家から、大川をへだてたむこうにカーバイト工場があって、そこをすぎて桜並木をすこしゆくと反対側に中学校があった。その中学校をもうすこしゆくと小学校があって、そのむこうがようやくお寺の幼稚園だった。だからその頃はつれだって一緒に家を出るものの、工場への父、中学生の兄、小学生の姉と次々年令順に別れ、一番ちいさな私が、一番遠い幼稚園への道を道草しながら、てっくりとっくり通ったものである。

幼稚園といえば聞こえはいいが、お寺のくりの一角に、子ども達が集って、先生を中心に毎日わやわやさわいでいるだけの今の幼稚園にくらべれば何の設備もないただの幼児のたまり場所だった。そして私が覚えている女の先生の一人は見事にふくらんでふとっていたが、もう一人はこれまたやせて

いて、顔だけはややきりょうのよい狐さんみたいだった。私は何故かその狐さんがそばにくると、とてもこわかった。やさしいキンキン声なのが、胸にひびいて恐ろしかった。頭をなぜてくれようものならもう心も凍るおもいで目をとじ、早くその接触が去ることを祈っていた。

ある日その狐先生が、板の間に子ども達といっしょに坐りこみ（その頃ははかまをはいていたから、横すわりだったかあぐらをかいていたのかわからない）たもとからきれいな色のお手玉を出した。

鮮やかな赤と黄色のだんだらの子玉とよぶのが六個、青と黄色の親玉が一個だった。その七個のお手玉を、次のよぅな細い歌声と共に、これまた細い指で次々と巧みに上になげ、うけとり、さばいてゆく様は、まるで魔法使いの仙女のようであった。

〽おさらい（親玉を上に放り上げている間に下の子玉を両手でさらってもち、落下してくる親玉を受け、全部の玉を下におく）
おひとつ　（親玉を上にあげ、子玉の一つをとった手で、落下した親玉をうけ、両方を下におく。以下同様の動作をくり返す）
おひとつ　おひとつ　おひとつ　おひとつ　おさらい（最初と同様、以下同じ）
おふたつ（親玉を上にあげ、子玉の二つをとった手で、落下する親玉を受け、全部を下におく。以下同様にくり返す）
おふたつ　おふたつ　おさらい
おみっつ（親玉を上にあげ、子玉を三つとった手で、落下する親玉をうけ、全部を下におく。以下同様にくり返す）
おみっつ　おさらい
およっつ（親玉を上げ、子玉を四つとった手で親玉をうけ、下におく）
おふたつのこして　おさらい
おいつつ（親玉を上げ、子玉を五つとった手で親玉をうけ、下におく）
おひとつのこして　おさらい
おみんな　おさらい（親玉を上げ、子玉を六つとった手で親玉をうけ、下におく）
おてのせ（親玉を上にあげている間一方の手の甲に、他の手で子玉を一つずつのせては落下する親玉をうける、以下同様）おてのせ　おてのせ　おてのせ　おてのせ　おてのせ　おろして（下へおろす、以下同様）おさらい　おはさみ（親玉を上にあげている間、片手の指の間に、他の手で子玉を一つずつはさませては落下する親玉をうける、以下同様）おはさみ　おはさみ　おはさみ　おはさみ、おはさみ　おろして　おさらい

おちりこ（親玉を上にあげている間、片手で子玉をとってふり、下におろし、その手で落下する親玉をうける、以下同様）おちりこ　おちりこ　おちりこ　おちりこ　おちりこ　おわって　おさらい

こばしくぐれ（親玉を上になげている間、片手の親指と人差指を床にたてて出来た橋を子玉を一つずつくぐらせ、落下する親玉をうける、以下同様）こばしくぐれ　こばしくぐれ　こばしくぐれ　こばしくぐれ　こばしくぐれ　おわって　おさらい

おおばしくぐれ（親玉をほうり上げている間、片手を床についたわきの下を、子玉をひとつずつ通して、落下する親玉をうける、以下同様）おおはしくぐれ、おおはしくぐれ、おおはしくぐれ　おおはしくぐれ、おおはしくぐれ　おわって　おさらい

そのくり返しの歌のリズムと、小豆のさらさらさわやかな音に、私はすっかり狐先生を尊敬するに至ったものである。

とべとべなわとび

開拓される技法

小学一年の頃、近所のなわとび世界で私は相当にいい顔であった。それは、一本の麻のロープをもっていたからである。自転車で通勤していた父の、荷台のロープを切ってもらったものだった。

その頃こんないいロープをもっている者はいなかった。他の子のもっているものといったら、せいぜい米俵の胴じめに使う、密にあんだ藁《わら》なわか、木棉糸のロープだった。これらはいずれもなわとびには軽すぎて、おもうようにとぶことが出来ない。やはりなわとびには麻のロープの重さ、太さ、つよさ、手のにぎりやすさが最高最適であった。

そうしたロープやなわをもって、子ども達はなわとびを競い、練習した。男の子はもっぱらひとりとびである。ちいさいときは、100とんだとか200つづいたというが、たちまちそんな低水準はこえてしまう。ケンとび（片足或いはごく早く交互に足をふんでとぶ）バツとび（手を交叉してとぶ）ヨコとび（手を横ではなく前後にしてまわす）二回とび（足が地につくまでになわを二回まわす）三回とび

（同前で三回まわす）バツ二回（バツとびで二回まわす）マルバツ（二回とびの後をバツとびをする）バツマル（マルバツの逆で、最初をバツとびをする）ウシロとび（なわのまわし方を後から下・前という方向にまわしてとぶ）ウシロ二回（ウシロとびで二回まわす）ウシロ三回（同前で三回まわす）ヨコ二回（ヨコとびで二回とぶ）ヨコ三回（ヨコとびで三回とぶ）ナミとび（体の横に両手を出してなわをまわす。体はなわをくぐらずに、外側でとぶ）ナミバツ（ナミとびとバツとびとを交互に行なう）……などの技法を、次々と開拓してゆく。

二人とびや、大勢でする集団のなわとびをするのは、もっぱら女の子たちである。

〽おじょうさん　おはいんなさい
　ありがとう　じゃんけんぽん
　まけたお方は　おでなさい
〽ひしゃくふっては　都のじいさん

頭布かぶって　さっさと歩けば
ばあさんよろこぶ　おにげなさい

以上のうたは、まわしているなわに1番の子が入り、次いで入った2番の子とジャンケンをまけた方が残り、次の3番の子が入りという遊びのときうたわれる。

この他歌の劇的展開と、それにつれてジェスチュア的動作を伴うなわとび遊びが数多く女の子たちによって次のように展開される。

〽ゆうびん屋さん　走らんかい　もうかれこれ12時だ（ここまで普通の波とび）
それ　1時2時3時4時（大まわしをする）
5時6時7時8時9時10時11 12（最後でうまく足でまたぐ）

〽月、火、水、木、金、土、日ようび（波）
山の風　そよ吹けば　鬼の大将　さん大

将ピヒャラピーヒャラ　さん大将（大まわし）
そら出えろ　そら入れ（とぶ者交替する）
〽熊さん熊さん　両手をついて（言葉の動作をする）
熊さん熊さん　片足あげて（以下同様）
熊さん熊さん　まわれ右
熊さん熊さん　さようなら

そうした女の子が声をそろえ、なわとび遊びに熱中しているとき、必ず二、三の男の子はそのなわとびの中にとびこみ、邪魔をし、女の子たちに悪口をあびせられ、逃げてくるということをなぜかくり返すのである。いまはしたり顔の紳士やお父さんの中に、そういう邪魔を趣味とした男の子のなれの果てがきっとおられるはずである。

てんと虫とばし

明日の夢をのせて

春もたけなわになると、いろんな虫が出てくる。ちょうやハチやアブなどは、好きな子もいるが、きらいな子の方がずっとたくさんなのが普通であった。

〽はち　はち　ごめんだ　おいらはまだ赤んぼだ　(千葉)

〽蜂がさしたら子をとるぞ
　こぶができたら　巣をとるぞ　(福井)

〽アブ　アブ　お経よめ　(山梨)

〽はち　ぶんぶん　あぶらげ三枚お墓　(山形)

最後の歌意はおわかりだろうか。蜂のぶんぶんうなる声をお経をよんでいる様としてとらえ、経文の阿尾羅吽欠婆訶（あび

らうんけんそはか）とゴロを合せたものなのである。

どんな子も好きな虫というとオウメとテントウムシというのが子ども達の通説であった。オウメというのは、ハタオリバッタやショウリョウバッタの、特にそのちいさい幼虫をさしていた。ちいさいのになると、マッチの棒の1/3ぐらいしかないのが、春の終りごろの草ムラにピョコピョコとんでいて、子ども達のよい遊び相手になった。ちっちゃなくせに一人前にピンとひげをたてて、そっくりかえって胸や顔をたてているのを女の子までがとってきて、砂場などで競争させたりした。

テントウムシは西洋でも淑女の虫（イギリス）聖なる虫（フランス）マリアの虫（ドイツ）神の雌牛（ロシア）等と愛称されていて、手のひらをこの虫が横ぎると、その娘は間もなくお嫁にゆく（イギリス）とか、幸福をはこんでくる（ロシア）とか、冬に家の中に入ってきたらその紋の数だけお金が入るとか（インド）赤ちゃんをつれてくる（ドイツ）などといわれてかわいがられている。

日本でもまるでビーズ玉か丸ボタンのように赤くてかわいいこの虫を、天道虫と名づけ紅屋の赤ちゃんとかマンジュウムシとよ

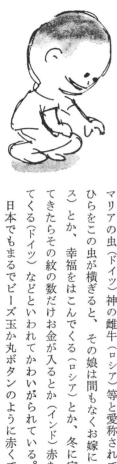

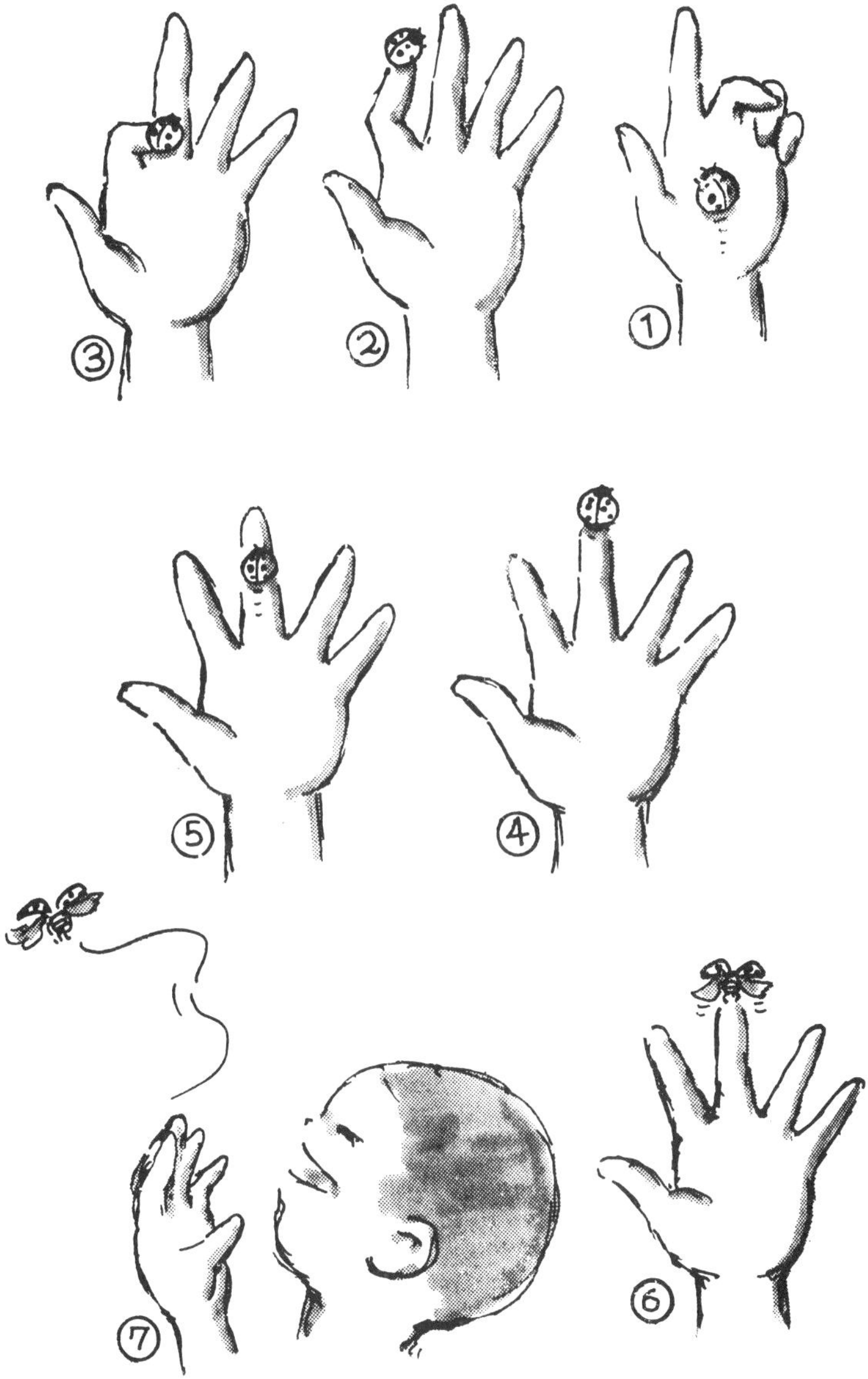
③
②
①
⑤
④
⑦
⑥

んでいる。だからこの虫を畠などでつかまえると、子ども達はまず手のひらにのせる。テントウムシがはい出すと、子どもはその手を徐々に立ててゆく。テントウムシは高い所へのぼってゆくので、指の先にやがてゆきつく。そのときその指をまげて、テントウムシをとなりの指の下の方にうつしてやる。テントウムシはまたのぼってゆく。また指をまげて、となりの指へ——をくり返す。

あるいは右手から左手、左手から右の指へ、右の指から左の指へ——をくり返す。

こうして最後に指の先の頂にたどりついたテントウムシは、やおら方向を見さだめると赤いまるい羽根を割り、その下のうすい羽根をひろげる。そのとき子ども達は、このちいさな虫に明日の幸を祈って歌い、その行方の見えなくなるまで見守るのである。

〽てんとむし　てんとむし
　天道さまのお使い　いってこい　（千葉）

〽マンジュウムシ　マンジュウムシ
　マンジュウかっておいで　（東京）

〽よめにいけ　むこにいけ
　指の先から　とんでゆけ　（新潟）

〽てんとむし　とんでゆけ
　てんのうえまで　とんでゆけ　（福井）

ほたるの唄──夏の遊び──

夏草原の大立まわり

きずだらけの足やスネ

夏草の中で一見異様な風姿をしているのはタケニグサである。葉っぱの形がおもしろい上に裏白で、背がずんずん高くなり、クリーム色の粒ともさやともつかぬ花穂がてっぺんにつくへんな草である。最も妙なのは、その葉や茎を切ると茶色の汁が出てくることである。だからちょっとしゃれた地方ではコーヒー草とかチョコレート草とよぶのだそうである。

その頃、ふるさとの小学校の運動会というのは、単に在校小学生のものではなく、町中のたのしみの一つだった。朝から重箱にのりまきをつめて、ござをもって家中総出で見物にゆく行事であった。万国旗にかざられ、行進曲のレコードがなりひびく小学校の「大運動会」のよびものは、その小学校の隣接校同士によるリレー競争だった。

いつもは「何んとか学校いい学校、あがってみたらばボロ学校」などと、となり町の学校の悪口を言い合っているくせに、このときばかりはそれぞれひいきの学校の名をよび合う。校名をぬいつけた

ランニング姿の、大きかったりちいさかったりする選手たちがあらわれ、号砲がなり、選手たちは母校の栄誉をになって一心に競いあって、子ども達の目の前をかけ過ぎる。そのとき選手たちのふくらはぎにはいつも茶色のヨードチンキがぬられていたのを子ども達はみる。

どういうことが原因かわからなかったが、ももにヨードチンキをぬると足の運びが軽くさわやかになるとのまじないでもあろうか、子ども達はその代表の選手の足のヨードチンキに、オリンピック選手のような栄光の色をみたのである。

だから子ども達は土手ではしりっこをやろうと話しがきまると、ひざのぬけた長ズボンをたくしあげ、そのももにタケニグサの茶色のしるをこすりつけた。そのふくらはぎの色はあの大運動会の隣校選手のすてきな栄光の色そっくりではないか！　子ども達は満足に胸をふくらませ、おでこに風をうけて土手や広場のはしりっこを行なった。

一方このタケニグサは、またワンパクたちのチャンバラごっこのかっこうの仇役となっていた。田舎であるから当時映画の常設館はない。お祭の折、テント張りの小屋造りの活動大写真屋が開張し、雨ふりタクサンのチャンバラや忍術ものを、木戸銭で見せるのを、誰れかにつれられて見たのであろう。あるいは旅回りの東京剣劇御一行をお父ちゃんといっしょに見たのかもしれない。そうしたわずかな実見者をガキ大将として、子ども達は草原でチャンバラごっこをした。その悪役には誰れもがいやがるため、身なりも大きく棒の刀で容易にきれ、その上カエリ血などがとびちるタケニグサがおしつけられる運命となった。右へ左へ、悪虐非道のタケニグサをたおした頃、子ども達の足やスネには、ススキの葉やイバラのとげで、それこそちいさな返りキズが何条もついているのが常であった。

河原の魚とり

かけがえのない体験

あつい日ざしのゴロゴロした石ころのおおかわの河原を、私は一人でそのときあるいていた。かわいい桃色のナデシコやヒルガオがさいている河原の石は、赤んぼの頭くらいの大きさのものもあって、歩きにくかったものだから、どこでひろったか棒をつえにしていた。

河原のまん中に、川の残したちいさい浅いたまり池がある。ちいさいといっても、六畳ぐらいの大きさで、まん中にどこから流れてきたのか、大型のトユみたいな長い筒がよこたわっていた。そこを通りすぎようとした私は、何の気なしにそのトユみたいな筒を、もっていた棒でちょいと叩いた。そのとたん、私はびくっとした。ガボッと大きな水音がその筒の中からきこえたのである。それはたしかにいきものが動いた音である。

ヘビか？　そうではない。ヘビならあんな音をたてるはずはない。スルスルと音もなく動き、すりぬけてゆくだろう。

カエルか？　いや、カエルだったら、すぐにとび出してくるはずである。

ウナギか？　いやちがう。魚である。それもあの水音のこもり具合から相当な魚であろうと、幼い私はそのとき判断すると、そのたまり池の中へ、ゴム靴のまま入っていった。そしてその筒をそっと動かした。果して黒い大きな魚影がむこうの端から走り出て、底の泥煙をあげてひらめきながらすばやく逃げた。私は胸おどらしてその大きな魚を追いまわしているうち、すっかりそのたまり池は、土けむりにおおわれ、魚の姿を見えなくしてしまった。やがて私はあきらめ、岸にあがり、ズック靴の中の水を出して、ぬれたまま足にはいて帰ろうとしながら、もう一度その池の中の筒を叩いた。するとどうだろう、またガボッという水音がするではないか。

幼い私は、ははんと思った。犬は屋根のある下へ入ろうとするし、トンボは水たまりに尻っぽをつけにやってくる。ここにいる魚はこのせまい筒の中にかくれようとするたちなのだなと考えた。そんならこの筒の両方をふさいで同時にもち上げれば、魚はなんなくつかまえら

れる――と私はちいさいながら考えた。だが残念にもその筒は長く、とても両端に手がとどかない。何かアミみたいなものでもあればとさがしたけれど、あつい夏の河原は、ただ石ころだけがごろごろしているだけだ。そうだと、私はゴム靴を両方ともぬいでそっとその筒の一端におしこんだ。そして筒の逆の方を出来るだけもちあげて、いそいで岸にもっていこうとした。

　子どもの腕にはその筒の水量はかなり重かったが、それでもあと何歩かで岸にのせられるというとき、筒の中の水圧はズック靴の栓をふきとばして、どっと流れ出てしまった。そのとき、私は見た、銀色のハラを見せた大きな魚が、泥水の中にほとばしり出たのである。

　しまったと思った私は、やがてとんでもないことにあわてた。片方の靴はすぐ見つかったものの、この大さわぎのたまり池のどこへいったやら、のこりの靴が行方しれずとなってしまったのである。もう魚どころではない。筒は岸へほうりあげ、棒でさんざん池の中をかきまわしたあげく、どうにか残りの靴をさがしあてた私は、それでも少しみれんが残ったのか、魚をあわれんだのか、またさっきの筒を元通りにそのたまり池のまん中にほうりこんで、水にぬれたゴム靴をグチャグチャいわせながら家にかえった。

以来河原のそこを通るたび、私はたまり池の中にさびてよこたわっているその筒を動かしてみることにした。しかしその後の大水の折に逃げたのか、あの大きな魚のガボッという音をきくことはもう再び出来なかった。だがあのあつい日の河原での経験に、その後読んだどの本にも書いてない、貴重な数々のことを私は教えられ、学びとったように思っている。

ミズカマキリやゴリすくい

生きた観察図鑑

石河原の岸を歩くと、足音におどろいて、石から石へかくれておよぐ口の大きな魚がいる。身長はせいぜい3〜4センチ位以下の、ダボハゼの類のこの川魚を、子ども達はゴリとよんでいた。

ゴリは子ども達のよい遊び友達だった。すばやい子なら両手でうまくつかまえた。石から石へ巧みに姿をかくして動く習性を、逆に利用し、足で追いつつ両手を石のかげにかくしてつかまえるのである。

ちいさい子や女の子はなかなかそうはいかないので、二人で手ぬぐいをつかってつかまえる。手ぬぐいの両はじを二人の両手でもってぴんとはり、片方を水底につけ、片方をやや上にあげておく。そしてゴリのかくれたそばにこの手ぬぐいを附設して、足をつかって追いこむと、ゴリ

は手ぬぐいの上に姿をあらわす。そこを呼吸をあわせて手ぬぐいを水からあげ、二人で歓声をあげるのである。

この手ぬぐい魚獲法は、ハリメダカやゴリの場合最大の効果を発揮する。しかし一人のときは、やはり柄のついた玉アミが最高の道具となる。

しかし市販のアミなどもっている子はまずいなかったし、第一子ども用のアミなど店においてあっても、商売にならなかった。アミがほしくなった子の第一にやるべきことは、強い太い針金をどこかでみつけることであった。ところがうまい具合に、電柱工事をやった後だとか、しめていた針金のタガがさびて切れただとかで、ひょっとそうした待望の針金が入手できることとなる。その貴重な針金で、子ども達は輪をつくり、それに見あうしの竹をとりに行く。葉をとって、日かげでよくほし上げる。そうして母にねだって、あらい目の布をもらう。普通の布では目がこまかすぎて、水がたまり、せっかくの針金がたわんでしまう。おどり上ってよろこんだのは、はえ帳のこわれたのをもらったときである。あのあらい紗は、入手できる布では最

もよかった。てんでだめだったのはふるいガーゼで、腰がよわくてなよなよしているものだから、たちまち虫とり用に転落してしまった。

こうして得た布を、ときによっては母にぬってもらったが、そういうのは見るとすぐにわかるからいばれない。さすがに手製であるというぎごちないぬいとりでありながらも、要にして完であるアミが、イタズラ仲間では巾をきかせたのである。見ばがよいとか、カッコだけがよいという現代風潮とは根本からその価値の尺度がちがっていたのである。

ようやく作ったアミをもって子ども達は小川のふちの、草がたれている下側を、ごそごそとすくう。小ざかながひきあげたアミの中に身をおどらせているのを見るとき、子ども達の心もおどる。とった魚は、バケツに入れてもってかえるときもあったが、大がいは川の途中に石でちいさないけすをつくって、そこにまるで水族館のようにたくさん入れておくのだ。魚たちにとっては災難な上に、ときとすると忘れてそのまま子ども達がかえってしまうのだから大雨がこない限り魚たちはうかばれない。

ところで子どもたちのアミの中に入ってくるのは、いつもかわいい魚ばかりとは限らない。おかしな黒いヌルとしたものが入ったと、こわごわみるとナマズのまるまったのだったり、ヘビみたいにのたくるウナギのちいさいのが入ったりもする。そればかりか、枯葉色をしたタガメムシやミズカマキリがいっしょにつかまったりゲンゴロウやウネウネムシがうごめいていたりする。

いくらワンパク達だからといって、そういう妙な形のヤツはやはり気味がわるい。ヤゴなんかは細長いのや平べったいのやいろいろいて、どきどきしながらせっかく入った魚といっしょに川のとおくにほうりなげたり、河原でそっと棒でつまんだりすてたりするのだ。こうしてワンパク達は、川や沼にすむ生物たちのよき友となったり仇敵となったりしながら、図鑑よりももっといきいきとその生態をいつしか観察していたのである。

こよりと蚊やり

ことばでなく与えられたもの

当時は旧暦で行なっていたから、その日が近づく頃には、暑さも強く蚊がわんさととび交っていた。だから蚊やりをいぶしたり、うず巻型の蚊取線香をまわりにおいて、大人は夜になると反古の和紙をちいさく切って、せっせとこよりを作った。こよりは七夕のかざりをつるすためであって、それは親たちがつくるならわしだった。蚊やりの煙の流れる中で、それでも時折、パチンとひざの蚊をたたく親たちの側で、子どもはそれに呼応するように、せっせとタンザクや正方形の色紙に字をかいた。もちろん筆で墨の字である。字の上手な子はもちろん、字の下手な子もいろいろなねがいをこめて一心にかく。

親たちはその傍でその子ども達の様子をみながら、おれに似てどうも元気だけあるが字はもうひとつだなアとか、どうしてこの子は右下りになるのだろうと見守る。子どもは子どもで、黒くよごした指で鼻をこすりつつ、まだ何枚もあるとがっかりしたり、親のこよりをつくる手もとをながめたりす

コヨリつくり

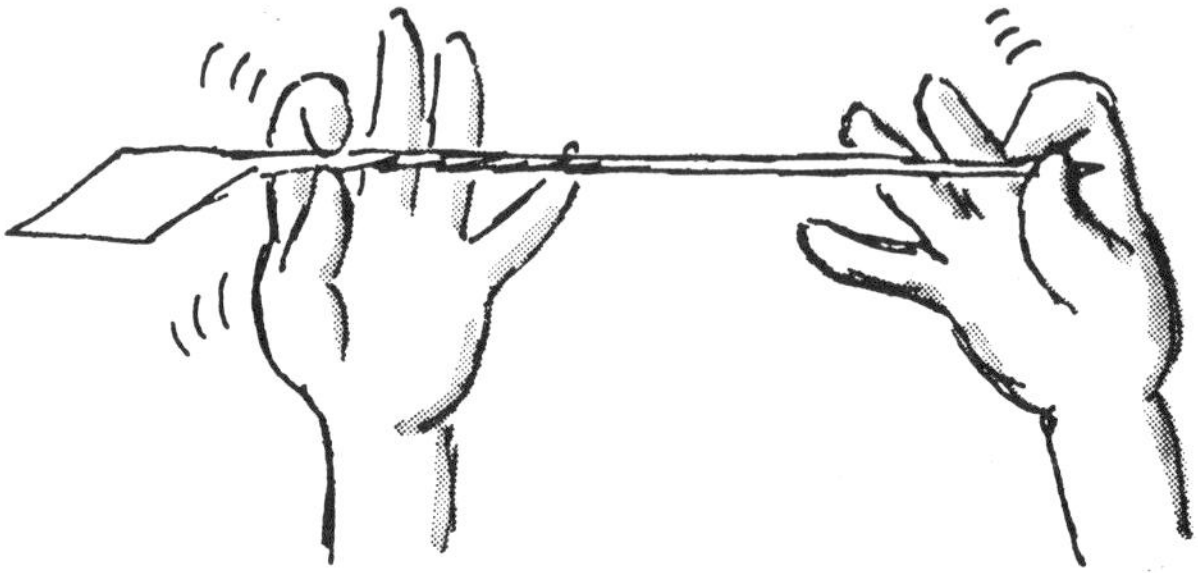

る。なれた両手の指がするするとほそ長い紙をまきこんだかとおもうと、ピンととがったこよりがもう出来上る。そのこよりは、やわらかい和紙なのに、頬っぺたをつつくといたいくらいとがってかたく巻けているのだ。

タンザクの字をかくのにあきた子は、ちょっと親のまねをしてこよりをつくってみる。しかしとても親のような上手なものはつくれない。片手でぐるぐるまいているのを見かねた親は、紙のもち方、指の形、力のいれ方や指の動き方を教える。手をとり、指を動かし、それこそ蚊がとんでくることもわすれて教えてやる。単につくり方の基本型だけではなく、長い経験から得た指先のしめり具合や、最後のヒネリ加減などのコツをまじえ、夏の夜のすばらしい親子の対話と交流が、蚊やりの煙の中で展開される。

こうして一人分100本のこよりが——その中には教えられつつ作った子どもの太目のものが何本かまじって——小箱の中にためられる。子どもが多い家では、三日も四日もかかって細いこよりがたまった頃、七夕の夜が近づいてくるのであった。

今の子ども達の不器用なことは、つとにいろいろな資料が明らか

にしているところである。箸のつかえない子が小学生にも多い。ナイフで鉛筆どころか満足に厚紙を切ることも出来なくなっている。こよりなぞはもう大人でも作ることが出来るのは稀に属している。そして「こよりなぞ出来たからってどうっていうことないじゃないか」という理屈を言うことにだけは長《た》けている。その通り、決してこよりが出来る出来ないが問題ではない。こよりに代表された、指や手や体の労働諸般に習熟し、自分の意図や意志通りに使いこなしうるようになっているかどうかということと、こよりを作る間、子ども達にも親にも互いにもの言わずに醸成され影響を与えあったものが、現在もあるのかどうかが大きな問題なのである。

七夕のちいさい提灯

胸にともる灯

最近は都会地の花屋にちいさな竹が七夕の頃になると売られているが、当時の田舎町の子ども達は、その年に生えた大きな竹をまるまる一本、軒先に立てて七夕のかざりをつるした。その日までにせっせとタンザク形や方形の色紙に「アマノカワ」「ほしまつり」「織姫」とその年令や学年に応じての字をかき、それに親につくってもらったこよりをつけて竹の枝の要所要所にくくりつける。

しかしそれは都会地の星祭りの行事ではなく、民俗的な「棚機《たなばた》」即ち織物をおる神や川の神に、はたおり

の技術や習字や学問が上達することを祈願する色彩が色濃く流れていた。かざりという考えよりも、まるでお払いの御幣のように、新しい汚れない紙が使われた。かざりは、いわゆるあみという切り紙がつるされたけれど、その他の形はほとんど無く、近ごろ幼稚園などで見うける紙工作をにぎやかにつるすという考えは少しも見うけられなかった。私が幼稚園でおそわったつなぎちょうちんをつくってかけたとき、それはえらくめずらしい異様なものとして見られたことを覚えている。すなわち清浄な祈りや祭りの精神が色濃くこめられていたものだった。

こうした七夕のかざりは、ほとんど前日の六日につるし、七日の夕方にはもうその竹をもって大川の土手に行く。方々から大きな竹を肩にしたり捧げもった子が三々五々あつまってくる。

土手の中腹に大きなたき火が設けられていて、そこで子ども達は竹につけた紙タンザクをちぎり、火の中に投ずる。

そして竹の頂上に一つだけ残したちいさな提灯に、そのたき火から灯をもらってともす。
はだかになった竹をかついで、その竹の先にゆらゆらゆらめく提灯をながめながら子どもたちは、
〽七夕まつり　提灯だけのこせ
と声高く歌ってかえる。土手の上でこれからもやしにゆく子とすれちがったりするが、行くときは決してこの歌をうたわない。帰る子だけの特権のように、そしてさみしさをふきとばすように、大きな声をはりあげて子どもはその長い竹をふりまわしてかえるのだ。短い切ないような七夕の行事は、それからつづく暑い日や盆の行事の導入曲として子ども達の胸に提灯のようにぽっと灯をともしつづけるのである。

ホタルのうたとホタルがり

夢をさそう青い光

一九六九年の七月、アポロ宇宙船がはじめて月に到着したとき、私は前夜からTV局に足どめを命ぜられ、その様子を詳しく見ることができた。さて何か感想を、という段になって「日本のわらべ唄の中で一番多くうたわれているのはホタルと月である。ホタルは年々農薬で少なくなり、月はこうして遠いものではなくなってしまった。しかし子ども達もすでに七夕の短冊に『人工衛星』とか『アポロ万才』とかいているように次々新しい時代にふさわしい遊びを作っている。私たちもうかうかしておられない」という意のことを述べた。

事実日本のわらべ歌のうち、数も種類も非常に多いのは月とホタルをうたったものである。

〽ほうほうほたるこい　あっちの水はにがいぞ
　こっちの水は甘いぞ　ほうほうほたるこい　(千葉)
〽ほたるこいこい　山吹こい　あっちの水うまくね

こっちの水ぅめえぅめ　（山形）

〽ほうほうほたるさん　山道こい
そっちの水はにがいぞ　こっちの水は甘いぞ　（岩手）

〽ほ　ほ　ほうたるこい　あっちの水はにがいぞ
こっちの水は甘いぞ　一杯のまそにとんでこい（三重）

私がちいさい頃、夏ともなれば小川や田んぼのまわりに、ほたるの群が夢のようにとび交った。くさむらにも青白い息づきの光が、あやしく明滅した。幼い心にその光は、どんなに美しく夢を与えてくれたことだろう。

〽ほうたるこいこい　山吹こい
ほたるという虫いないな虫で　夜なべになると
ぴっかんちゃっかん灯をともす　（山梨）

〽ほうたるこい　あたまに赤ぼうしかぶって
しりにちょうちん　ほたるこい　（福井）

〽ほたるこいこい　昼はおんばの乳のんで
夜はちょうちんたかのぼり　（富山）

〽ほたるこい　宿かせる　山ぶしこい
　宿かせる　落ちたらたまごの　水くれる（長野）

ホタルをとるのにあみなどは使わない。途中で手折った笹の枝が最もよいホタルがりの道具だった。くさむらの光は蛇の目かもしれないといって、子ども達は必ずとんでいるホタルの光を、そのささの枝ではらい、おとしてつかまえる。虫かごなどという上等なものはもっていない。紙ぶくろか、ガラスびんに、その光る虫をいくつもいれてかえると、その頃リンで光るのだといわれていたためか、ねんいりに手を洗わさせられた。

ほてった足もあらって縁側につるし、その青い光をたのしむ。蚊帳の中に一ぴきとばしたりすると、青い蚊帳の大洋をゆく小さな小舟のようで、見ているうちに夢の国にさそわれてしまうのが常だった。

〽ほうたるこい金次郎さん

ひるは提灯たかのぼり
夜はおしゃかの露のんで
あみだの光でひかってこい　(兵庫)

〽ほうたるこい　じょうれんぼ
じょうれん鉄砲の橋の下　橋よりひくうとんでこい　(奈良)

よく朝、死んでいながらまだ淡く光っている死がいがそのびんの底によこたわっているのを見たりすると、ちいさな悔いがいつも心の底にこみ上げて来た。そんなホタルも少なくなりそんな昔ももうかえってこないのだろうか。ホタルの中に、ホタルの明滅する光の中に、追い求めた子どもの心は、農薬を使えば楽でもうかるという勘定高い社会によって圧殺されてしまった。消え去りゆくのは昆虫としてのホタルだけではなかったのである。

カヤとカヤつり草

真夏の夜の夢

三角柱という形を想定していただきたい。その柱の線にそって、上下の三角面を二分して、その截面が互いに交叉する如く分割してゆくとき、三角柱はどんな形となるだろうか。図学の上でも相当高度なこの問題のこの答を適確にえがきうるなら、あなたは立体幾何学か建築的な才能が秘められているると自覚されてもよいだろう。

上下に分割できる三角柱――そんな変った形態を作ろうとしたら大変だし、そんな珍しい材料を求めようとしてもまず入手は困難であろう。

ところが夏ともなれば、草原にこの得がたい材料が、どっさりと自生してくるのである。カヤツリグサ、ウシクグ、ヒメクグ、アゼガヤ、タマガヤ、ミズガヤ、さてはサンカクイ、などの茎は、みな三角形をしていて、たてざきするのに容易である。

子ども達はその草をみつけると、その茎を手折って前述の問題の実験にとりかかる。上下の三角を

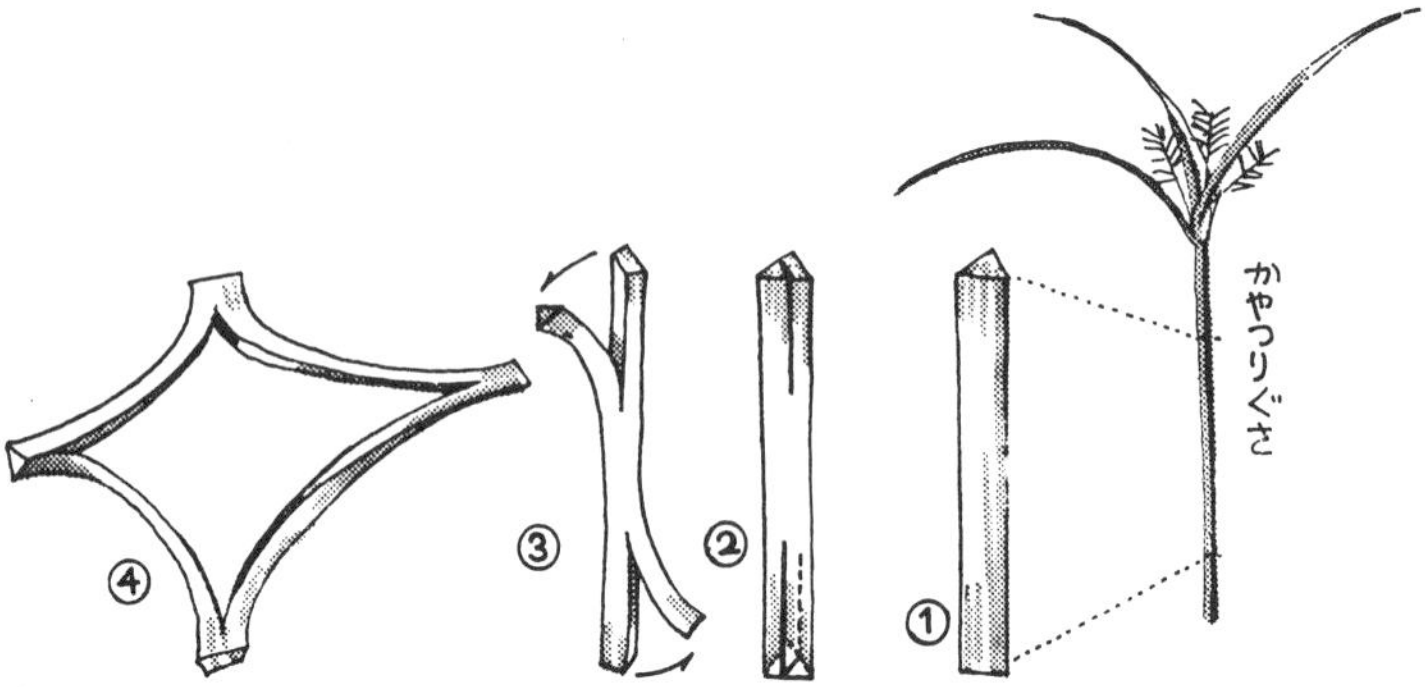

裂く点を気をつけさえすれば、その解答は三歳の子どもでも容易にその場で確認できる。何遍も何回も、気のすむ迄、そして何度やってみても二つに分割したものがねじれた平行四辺形の形となってあらわれるふしぎさを味わうのである。

ねじれたという意味は、茎の側面がゆるやかなカーブとまがりを伴うことを示し、それは当時の子ども達にとって、夏の夜寝るとき見上げるカヤの天井の形としてうつるのだ。

子ども達にとって、寝苦しい夏の夜のカヤはまたひとつの楽しい世界を現出させてくれるふしぎな「幕」であった。夜の灯火にまわりの家具やすすけた天井は、ごちゃごちゃとなお息苦しさをます様に見えるはずなのに、カヤをつれば、緑や水色の紗はそれらを夢のようにさえぎり、たちまち童話の世界へつれて行ってくれたものである。

そんな中では、お化けやかっぱの話や人だまを見たとか消えたとかいう話がまことにふさわしかった。そしてたるんだ曲面の天井に、ちいさなボールやまるめた紙をのせ、足をのばしてけとばしごっこをしたりしているうち、いつしかふとんをけとばした寝

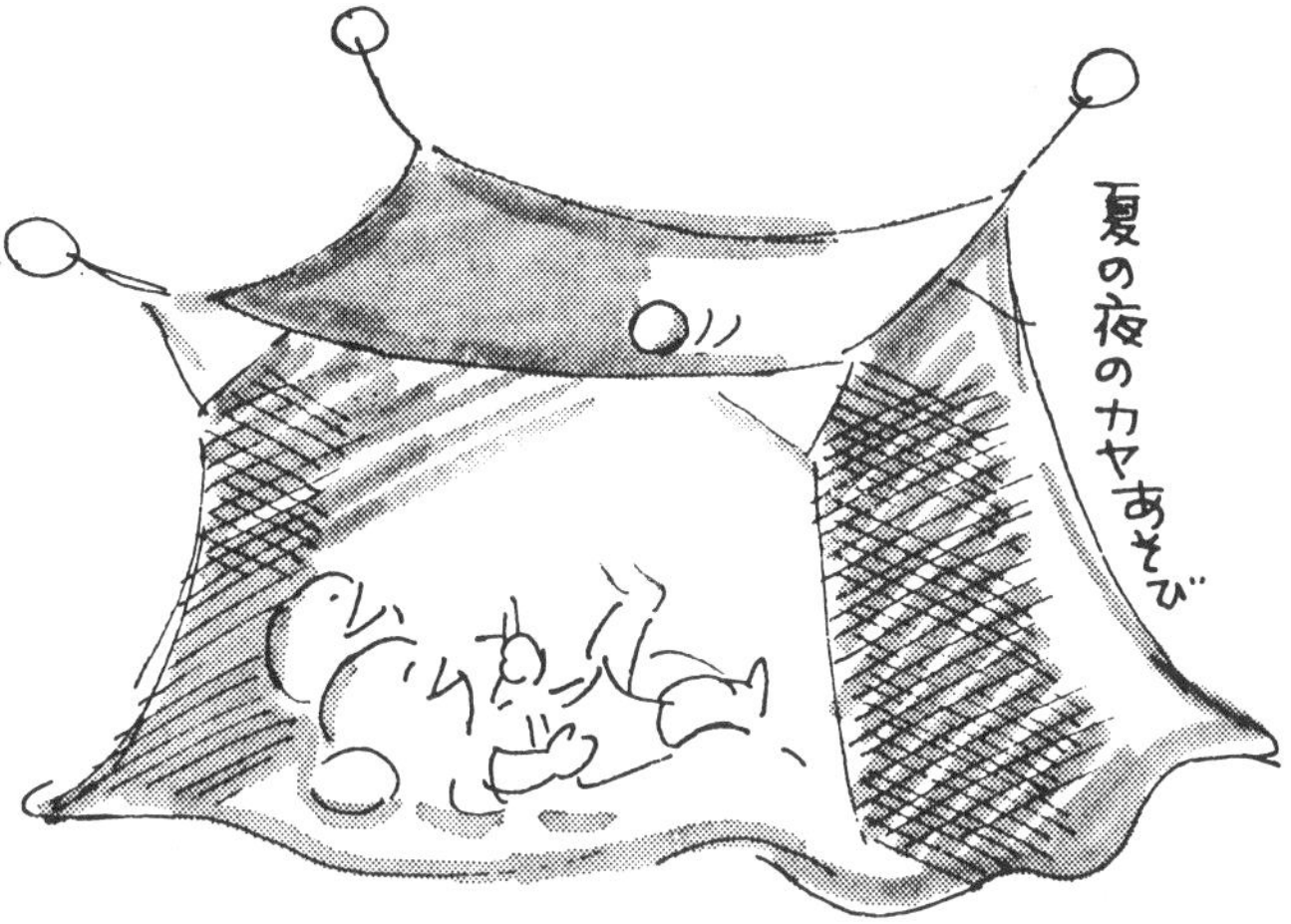

相のままねこんでしまい、そして朝をむかえるのだ。
だから当時の子ども達は、朝カヤをたたむことの面倒だけを除外するなら、カヤの中の世界を皆楽しくおもっていたものである。
カヤツリグサを上下にさいた形は、この楽しいカヤの世界で仰ぎみたゆがんだ天井の面をしているから子ども達はよろこんで遊び、そしてその草の名と由来をしっかりと知るに至るのである。

幸か不幸か農薬や殺虫剤によって、戦後は農村でも蚊が少なくなり、従ってカヤも夏の夜から消えてしまった。従って現代っ子たちはたとい草原でカヤツリグサをみつけても、二つに裂くことをしてもみないし、またしたところで、往時のような「ゆがんだカヤの天井」の感慨を体験することはなく、この遊びも過去のものになろうとしている。
こうした社会や生活の変化に伴い、その基盤を失い、

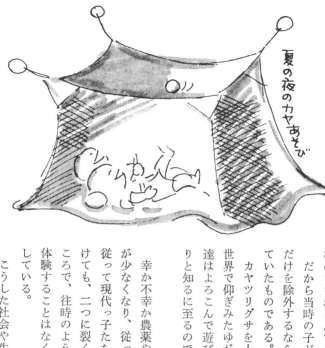

意義がうすれて、遂には消えてゆく子ども達の遊びについて、どう大人は考えるべきなのであろうか。

ある論者は近代化や工業の発展を呪い、自然にかえれ、自然を返せと叫ぶ。ある人々は昔はよかったなあと懐古しながらも、なりゆきにまかせる。熱はあるが、少々せっかちな人は、子どもの遊びの伝承をたやすなと、篤志家を集めてむなしい努力を傾ける。

カとカヤとカヤツリグサの例にみられるこの問題をどう解決したらいいのだろう。どの道をえらんだらいいのだろうか。三角柱を上下から二分する状況をえがく問題以上にこのことは困難な面をもっている。だがすでに慧眼《けいがん》な読者は、これまでの記述の中に、一つの答が秘められていることを見抜かれていることだろう。

ゆうれい城と紙袋のカニ

少年と海

私の覚えている最初の海は、日本海の夏の海である。小学校に入った姉が、体が弱かったため、赤十字の夏季臨海学校で過すこととなった。その着替えか土産をもって訪れる母につれられて、見た海であった。それはどういうわけか、黒いまでに濃い群青色にひろがっていた。長くつづいた砂原とそこにうえられた防風林の松の道を、どこまでもどこまでも歩いた。靴の中に砂が入り、ナデシコや月見草の花がしおれ、蟬がチッチと松の枝でなき、歩きつかれた頃、ようやくその黒い海が目の前によこたわって見えた。その海をまた見えがくれして、松林の中にある、天井の高い古い建物の中で姉に会い、すっぱいような臭いのする食堂で、真ちゅうのおさらに真ちゅうのちゃわんに真ちゅうの器にもられた昼食をたべた。子どもというものは、どこでも何でも自分の家以外でたべるものは、すばらしくおいしく感ずるはずなのに、そのすっぱいような臭いが、米飯にも、おかずにも汁にも皆しみこんでいて、たった一回の例外を示していた。

そのかえりの、あついねむたい道を同じように歩きつかれたとき、母が海へ私を入れてくれた。草むらで海水着をきせてもらい、浮袋のふくらむのももどかしく、足裏のあつさを耐えてなぎさへ走った。だが子どもの足にまだまだなぎさ迄は遠い。ちいさい足をいそがし、息がきれ、遠い母の日傘をふりかえって呼び――読者には想像できるだろうか、母と私だけでどこにも人かげがない真夏の広い浜辺なのだ――そしてようやくたどりついた波打際には、きれいな砂が波にぬれて光っていた。

　水は夏なのに冷たい。足首がつかり、腰の辺りまでになると、もう近づいてくる波をおそれて、決して沖へは出てゆかなかった。腹や尻がつかえる位の所でバシャバシャやって、それでも一人前に海水をのみ、むせてコンコン塩からい咳をした。

　ようやく近づいて来た母の方へ、ぬれた波打際を走ってゆくとき、砂をふんだ足のかがとのところを、ひきかえす波がほって砂をもちさりあやうく倒れそうになる現

象を、何か海が子どもや人間をさらおうとするもののように不思議にこわいものに感じた。

着物のすそをたくしあげた母と二人で、それから砂をほって、おしよせる波をさそいこんでちいさな池をつくり、その中央に山をつくった。池の中に砂を入れ、とろとろにとかして両手にすくい、砂山の上からたらしておとす。山の上にとろとろの砂がつもり、山の形はくずれ、そこここにとんがった塔やあやしい館がいくつもつくられてゆく。

「ほら、これがこわいゆうれい城だよ」

私は目をみはる。真昼の太陽の下に、燭台の灯に目を光らせている怪人や、不気味なこうもりのすくうゆうれい城を見たのだ。その空想と現実、冒険と猟奇の同居した不思議な人影のない松林とゆうれい城が、私の最初の浅遠の黒い海と照応してやきついている。

私のもうひとつのいちばん幼い頃の海の印象は夜で

ある。夜の岩だらけの海である。今から思えば、前述した昼の海は金沢近くであって、夜の海は敦賀の海であったと推定される。そのときも父は不在で、私と母だけでつれだって来ていた。遠く灯台の光がキラ、キラとゆるい光をひきずりながらまわっていた。波が眠った岩の間を、ひとつひとつのぞきこんでいる人影が二つ三つ見えた。母がその人影に近づいてたずねると、カニをとっているのだという。ちいさなカニをつぶし、その汁をぬりつけると、ヒフビョウにきくのだという答えの「ヒフビョウ」の意味が幼い私にはわからなかった。

母がそこで岩に出て来たカニを何匹かつかまえてくれた。しっかりと紙のふくろに入れてにぎった私は、途中なにかたべさせてやろうとした母をうながして宿にかえった。そんな機会なんかそれまでになかったし、それに冷たい水の底に、まわりをくずでつつんだアンコ玉がうるんだようにしずんでいるのを、その直前までほしかったくせに、そのときはどうおもったのだろう、それらをふり切っては宿へもどったのだ。安宿の夏はあつい。ねむるときまでその紙袋の中のカニをのぞきこみ、指を出してはさませたり、ひっくりかえしたり、さんざんおもちゃにしてたのしんだ。そしてその紙袋を枕もとにおき、ガサガサはいまわる音をききながら眠った。

よく朝、カニは紙をやぶっていなくなっていた。ただ一匹だけが、私の酷使に耐えきれなかったのか、その虐待に抗議してか、くさい死体となって残っていた。

子どもは接した外界からさまざまなものを吸収し経験してゆく。その場が広く変化があればある程、

その中から得るものも多彩で多様なものとなる。新しい土地を訪れたり、ちがった家でくらしたりすれば、それはその子に今まではちがった蓄積を与えることとなる。子どもにいろいろなものを見せたり、つれてまわる意義はここにあるのだが、子どもの側からいえば、自分の目や感覚や心に印象づけられるものが、くっきりと新しい経験となるのであって、せっかくの親の配慮やおもわくとは一致しないときが多いものである。私のはじめての海の印象に残っている、怪奇なゆうれい城と、カニの死臭がそれを物語っている。

すぐれた早とり写真

こんなカメラがほしい

近ごろは便利になったもので、シャッターを切ると一分位で、きれいな陽画が、自動的に現像定着されて出てくる写真がつくられている。ポラロイドと呼ぶその即時処理カメラは、米人ランド氏が数十年かけて完成させ、全世界の特許を獲得したすぐれた発明であり技術である。

ところが、このポラロイドよりももっと迅速で面白い早取りカメラを、子ども達はとっくの昔につくり、特許もとらずに遊んでいた。

巾8センチ、長さ20センチほどの画用紙を切り、図①のように上下の中央にコの字型の切目を二つ、同方向に入れておく。そしてその画用紙の表には「誰れそれくん」によく似た顔を描き、裏側にはカメラのレンズの絵をかいておく②。この紙を③のように切目のところを互いに組み合せ、レンズの絵が見えるようにする④。これで準備は万端ととのったわけである。

そこでこのごく軽量で薄型も超薄型のカメラをもって「誰れそれくん」のところに出かける。「誰

はやとり写眞

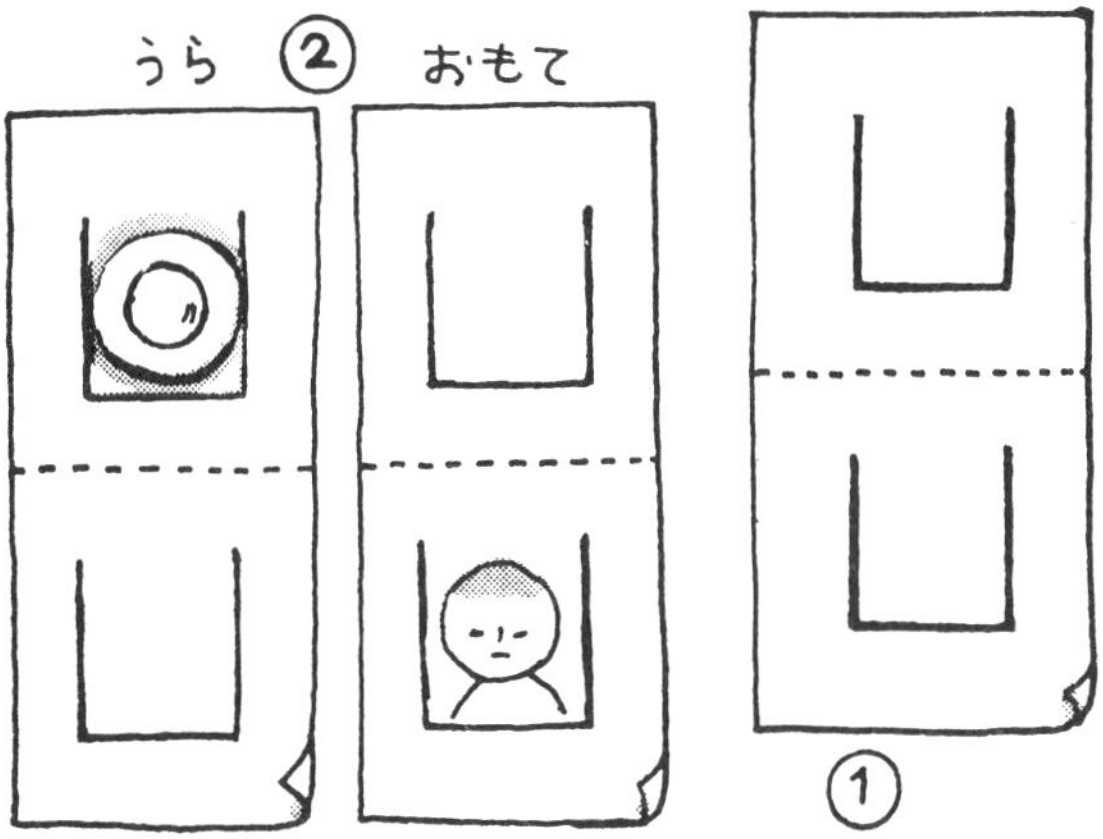

れそれくん」にこっちの方をむいてもらい「さあ、うつしますよ、ハイパチリ」といって、図⑤のように紙の下の方を前後に開くと、②のようにたちまち「誰れそれくん」の顔が、鮮やかにも写っているというわけである。もし裏がわにもう一人の「誰れかさん」をかいておけば、男女両用になるわけであるし、またもちろん色鉛筆や絵の具をつかえば、たちまちカラー写真というわけである。

私は数年前、さる大手のカメラ会社の幹部の方とお話をする機会があり、「何か今のカメラに不満なところはありますか」と聞かれた。その言葉のうらには「猿でもうつる」自動カメラの進歩を誇らしく語りたかったのであろう。私は次の二点を要望した。

第一は海外旅行を一人でされた方が痛感するように、自分の姿を任意にうつせるカメラである。セルフタイマーや三脚ではだめだからなのに、幹部氏の答の水準はその低度であった。私の考えでは魚眼レンズと反射鏡で歪縮、印画にするときレンズを通じて正常のものに戻せばと提案した。

もう一つの要求は即時処理のカメラである。私は幼い頃遊んだこの早とり写真の図をかいて説明したのだが、その幹部氏はポラロイドでもやはり数秒は頂きませんとねといっていた。私の考えでは化学方式ではどうしても反応速度があるため劣るが、子ども達の早とり写真が示しているような物理方式、要するにビデオ式であればなしうるはずではないかと逆襲した。幸か不幸か私の要望したカメラは二種共まだ市販されていない。従って即時処理自像撮影写真技術の完成まで、当分はこの子ども達の早とり写真でがまんしなければならないのであろう。猿はうつせても、人間がうつらないとは情けないことである。

鬼ごっこ天国

ふしぎな力の歴史

男の子ならランニングシャツにパンツ一枚、女の子だっておでこに汗いっぱいをふき出しながら、暑い日ざしもものかわ、炎天の中で鬼ごっこに興ずる。

「こんなに暑いのだから、じっとしていればすこしは涼しいのに、なんでそんなにかけまわるの」と世の親たちはふしぎにおもう。しかし運動して体が火照るのは、追いかけごっこの面白かったことから差引かねばならぬことではなくて、鬼ごっこには当然夏であろうが冬であろうがついてくることなのである。炎天のあついかさむいかは、鬼ごっこをすることと無関係なのだ。従って子ども達にとって、鬼ごっこをしようとなれば、それが夏であろうが炎天であろうが、何の障害にもならないこととなる。その鬼ごっこに夢中になって、玉の汗をふき出しても、面白いことをしたことは充分の満足として残り、汗をかいたことは決して後悔として残らない。それほど鬼ごっこは子ども達にとって面白いあそびの王者なのである。

子ども達は、その本質として心身を成長させてゆく。だから本能的にも生理的にも、ころがりまわったり駈けまわりたがる。本能的に生理的にじっとしていたり、ころがりたくないのはどこかに異常のある子か、もう老人だといってもよいだろう。そうした子ども達の本能的欲求に応じ、何の道具も施設も要しない、最も単純であるが、それだからくり返し行なってもあきない遊びが「鬼ごっこ」として結実している。

「鬼ごっこ」はちいさな子にも理解できるように、追う者と追われる者があって、つかまれば交替するという明快な原理に貫かれている。この鬼ごっこのもっている基本、原則を子ども達は大切に失わないように保存する。すでに日本において記録にのこっている鬼ごっこの遊びは平安時代であり、西欧に於いては古代キリスト教の神事に発することからわかるように、数千年にわたってその遊びの面白さは時代をこえて生きつづけて来た。それと同時に、子ども達の発達や年令の差、地域や周囲の条件に対応し、いろいろのバリエーションをうみ出して来た。その変形は数十種にも及び、こまかな差を算えれば二百以上に及ぶとさえ言われている鬼ごっこ王国をつくりあげているのである。

さてその鬼ごっこの変化の中で、最も子ども達にわかりやすい型は〈人とり人さらい〉である。鬼という強大で圧倒的な力の前にひたすら子は逃げるだけの型である。本来、鬼ごとの神事は人力をこえた力に対するおそれや祈りが鬼という想像上の存在として形づくられたのであるから、この型のものが原型であるのかもしれない。ちいさい子ども達の場合は、はしる、にげる、さわるという形だけ

鬼ごっこ
ひととり

つなぎおに

で充分おもしろいのであるから、この第1の素朴な形のものは今後とも大事にしたいものである。

第2の型は、この強大な鬼の力をやや制限させ、逃げる方に有利な条件をつくり出す型のものである。その例は〈つなぎおに〉で、鬼が一人をつかまえたなら、それと手をつないで追いかけるきまりである。従ってそこには二人になると行動や速さが制限されることを考慮されている。しかしこの〈つなぎおに〉は、四人以上になれば二人ずつに分裂することが可能なので、かえって逃げる方にとっては不利となるが、〈はしごおに〉というのは次々つかまえた鬼が分裂することなく、手をむすんだまま、追いかけるもので次第に鬼の力は低下し、後述の第4の分類に近づいてゆく。一方手をつなぐのではなく、二人三脚、三人四脚と、足をむすんでゆく〈足むすびおに〉もこの部類である。また地上に円形その他の図形をえがき、鬼はその中に入らずに、外から内にいるものをつかまえるようにした〈島おに〉や、円形の中に放射状の線をえがき、鬼はこの線上を走ることを要求した〈ミカン鬼〉、あるいは樹上等の高い所だけで行なう〈木のぼり鬼〉、土や泥の所でなく、石やアスファルトの上のみを使う〈石おに〉、にげる方も鬼も片足で行動する〈片足おに〉などがこの類に入れられる。

第3の部類は、鬼に対抗する少数の対立者を設けたり、あるいは条件がみたされたときは鬼の力がまったく及ばぬようにしたり、安全地帯を設けたりして変化をもたしたもので、そのよい例は〈子とろ子とろ〉である。一番先頭の親は、鬼につかまえられず、まったく不死身の者として、鬼の行動を妨害する。またつかまりそうになったら、膝を屈すれば鬼はつかまえられない〈しゃがみ鬼〉、立木等立っているものにさわればつかまえられない〈柱おに〉、逃げている者が誰れかと背中合せをすれ

しまおに

子とろ子とろ

ばつかまえることの出来ない〈背中おに〉、あるいは追いかけている鬼の前をよこぎられたら、必ずその者を追いかけなければならない〈助けおに〉がこの第3の中に入る。

第4は、追いかけていた鬼が、一転してまったく無力者と化し、逆に逃げねばならぬ権力奪取変換のものや、まったく互格でまかりまちがえば我身の方が危くなるという類ので、これは二軍に分れての対抗や、集団円陣形のものが多い。たとえば〈ジャンケンおに〉は二軍に分れた双方が相手の背中にさわればつかまえることが出来るけれど、正面からさわれば、ジャンケンをして（ときには何回戦かをして）かったら相手をつかまえて陣地につれてゆくものである。また〈きられおに〉というのは円陣の外にいた鬼が、間をきったら、両側のものは互いに反対まわりに陣

外をはしり、自分の元の座にもどるが、このときすでに鬼がどちらか一方の座に入っているので、おくれた者は鬼となり、次の円陣を切る役となるものである。また〈くみおに〉というものは、鬼と逃げる者以外は、二人、三人と手をつないでいて、逃げている者がその手をつないだ組のどちらかと手をむすべば、その反対側の者は手をはなして鬼となり、今までの鬼を追いかけるというものである。

第5の部類は、これまでの何らかの強い力をもった鬼とはちがい、何らかの弱点をもって逆に皆からいじめられる鬼の遊びで〈めかくしおに〉の如く、鬼だけがめかくしをして、他のものは手をたたいたり、はやしたりするもの、〈めくらおに〉の類いで、目をかくした中央の鬼のまわりをはやしながら歌をうたい、その後ろの者をあてさせるあそび、あるいは〈鬼たたき〉といって、背をむけた鬼は10かぞえる毎にふりむくことが出来、その鬼がかぞえている間に子どもは一歩一歩近づき、鬼の背をたたくあそび等がある。

さて鬼と追われる子との立場との関係を軸として、大きく五つに私は子ども達の「鬼ごっこ」群を分類してみたが、各分類によって子ども達が「鬼ごっこ」の遊びをどんなに楽しみ、その楽しさを更に面白くするためにどんな工夫や改良をして来たかをおぼろに知られたことであろう。一人の子どもの力ではないが、大勢の子ども達集団の、しかも何代もの子ども層によって、工夫、創案、改良、選択、淘汰、がくりかえされ、数百の「鬼ごっこ」王国がきづきあげられたことを推測されるだろう。それはあたかもその当時の詳しい記録を知らなくても、その巨大な石のつみ重ねから多くの努力の歴史を推測するピラミッドの訪門者のように、鬼ごっこの集積から、きっと子ども達のふしぎな力の歴史を考えさせずにはおかないものである。

この子とこの子がけんかして

登場人物の演技

子ども達は遊ぶ。玩具があればそれを使って、玩具がなければ、そこにある小石や草の葉を玩具に仕立てる。それもないとき——どんなとき、どんな所にも常についてまわってくれ、どんなに酷使しようとこわれもせず文句もいわず安全で危険もなく、こよなく便利なすばらしい手が、指が玩具となってくれる。

こうして子ども達の遊びの中で「指あそび」「手あそび」といった数多くがうみ出され、工夫され、親しまれ、愛されている。

その「指あそび」の一つに「指あわせ」とよぶものがある。

両手でにぎりこぶしを作り、体の前でかるく合せる。そして次のような歌をうたいながら、両手のそれぞれの指をこぶしから一本ずつ立て、その指頭をかるくたたき合せてゆく。そして最後にはひらいた両手のたなごころをうち合う遊びである。

〽こどもと　こどもがけんかして　（小指）
くすりやさんがやってきて　（薬指）
なかなかとめてもとまらない　（中指）
人がさわいで集って　（人差指）
親までとうとうやってきた　（親指）

この遊びの変形としてそれぞれの指頭をつけてゆく遊びが、次のような歌で行なわれている。

〽子どもと子どもと　けんかした　（小指）
おやおや親がとんできた　（親指）
人さま人さまきいとくれ　（人差指）
なかなかかなわぬことなれば　（中指）
薬をつけて　おさまった　（薬指）
〽子どもと子どもとけんかして　（小指）
薬屋さんが止めたけど　（薬指）
なかなかたってもやめないで　（中指）
人たちァわらう　（人差指）
親たちァおこる　（親指）

この「指あそび」のおもしろさは、指の接触感と共に指によって喧嘩を代演したり、登場人物がいろいろと出てくる演劇性があること、そしてちいさな子には、指の名称を覚えるという副次的な効果も備えているところである。考えたり、工夫したり、覚えたり、学んだりすることと、遊びというものをまったく相対立して考える大人にはわからないかも知れないが、子ども達は面白いから考え、たのしさをますために苦心して学びとり、もっと遊びたいから覚えることに努力するものなのである。「よく学びよく遊べ」を、勉学した報酬や代償として遊んでよいと把握したり、解釈している校長さんや親を今でもたくさん見うけるが、それはまったく大人の側の解釈にすぎない。

子ども達はよく遊んだ子ほど、遊ぶためには学んだり工夫したり考えたりが必要であることを自覚する。勉強を強制された子が、やっているとみせかけてするような態度ではなく、誰れがなんと言おうと、あらゆる妨害をはねのけて自分で学ぶ態度を確立してゆくものである。

じゃんけんうた抄

ゆたかな表現力

じゃんけんは知られているように、徳川年間、鎖国の長崎で唐人たちが行なった拳のあそびに発している。それは今でも遊里の座興として保たれてはいるが、この大人の遊びのすぐれた点と有効性を見ぬき、いちはやく自分達のものにしたのが子ども達のじゃんけんである。

子ども達の毎日の生活である遊びの世界では、順番をきめ、紅白二軍に分かれ、勝ち負けを明白にせねばならぬ機会が多い。それがその他の諸々のおもしろい遊びの第一歩となるものだから、その決定をクジ引きだとか、アミダ等の方法によっていたのでは面倒だし、じれったくて仕方がない。道具も時間も要しない即時即決の方法として考案洗錬されて来たものがじゃんけんである。

しかし即決性を確保したならばその決戦までのときをたのしみ、もり上がる面白さをいやますように前詞や身ぶりを附したさまざまな「じゃんけん歌」がたくさんつくられてくる。

〽とうげの坂道とうふやさんがとーんとん

(むかし天びんをかついだり、自転車にのったとうふ屋が町々をまわり、注文があると板上で音たかくとうふを切ったものである。その身ぶりをする)

〽そのまた後からお多福さんがぷーぷ　ぷーぷ

(関西ではお多福、関東ではおかめという。下ぶくれの愛嬌ある、日本の代表的庶民の女性の顔である。その形に似せてほっぺたをふくらませる)

〽そのまた後からチンドン屋がシャンシャンシャンシャンシャン

(チンドン屋とは、おひろめ屋のことで、日本的な珍しい商売の一つである。その歴史は紙芝居の歴史に登場してくる女形の市川小松丈が元祖であるといわれているが、鐘や太こを一人でたたき、に

ぎやかにふれまわるところから名づけられた形容名詞（?）。その三味線をひく形をする）

〽そのまた後からうんこ屋さん
　がくっさいくっさい

（貧しい日本では、ついこの間まで糞尿を肥料として使用していた。その汲取権を背景にした疑獄がおこった位で、肥桶をつんだ牛車が道を往来するのによく出会わせた。なに、今だって牛車がバキュームカーに変っただけなのだ。子ども達はこの歌のとき、鼻をつまむ形をするのである）

〽そのまた後からお巡りさんがエッヘンオッホン

（いばってひげをひっぱるまねをする。説明は不要であろう）

〽そのまた後から子どもたちがじゃんけんぽん

（リズムに合せ、元気よく、まっていたじゃんけんをする）

長い前詞や動作があればあるほど、そのじゃんけんがまた面白くなり、力がこもることとなる。

この他、

〽げんこつ山の　　　　（うでぐみ）
赤ちゃんが　　　　　　（赤子の形）
おっぱいのんで　　　　（乳をのむ）
ねんねして　　　　　　（手を重ねる）
だっこして　　　　　　（抱く様）
おんぶして　　　　　　（背負う様）
おっぺけぺーの　ポン（じゃんけん）

というものがある。この歌詞は、赤ん坊がタヌキになったり、ブタの子になったり、いぬころになったりする。これらのことから子どもにとってそこは余りに重要なことではなく、要するにおっぱいのんだりねんねしたりするものへの憐憫と羨望が焦点であることをくみとることが出来よう。このように、子ども達のあそびやわらべ歌を、その子どもの立場にたって考え、心情を一にして洞察するとき、彼等の真の希求がどこにあるのか、何を望んでいるのかを知ることができるだろう。

戦後子ども達は、私たちがうたわなかったひねったじゃんけん歌を次のようにうたっている。

〽じゃんけんほかほか　ほっかいどう
あいこで　アメリカ　ヨーロッパ

調子も韻もなかなかよいものであるが、第一句の意味は、次のような類句を対照とするとき、占領下の食料難等の事情を照応し得てまことに意味深いことを察知されることだろう。

〽じゃんけん　じゃがいも　ほっかいどう
〽じゃんけん　じゃがいも　さつまいも
〽じゃんけん　じゃむパン　クリームパン
あいこで　アンパン　コッペパン

更に次のような歌をどうよみとられるだろうか

〽じゃんけん　ジュース
あいこで　アイス
〽じゃんけん　じろうに　太郎どん
あいこで　アイちゃん　ミチコさん

最後の句は、かつて「〽アイちゃんは太郎の嫁になる」という流行歌と、時もよし天下を風靡したミッチーブームを背景としている。なるほど歌は世につれだなと安易に合点される前に、あの鼻たらしのガキ共が、じっとそのオデコのかげからうかがい、把握している鋭い時代感覚とゆたかな表現力に思いを致していただきたいのである。

アウトをたのむ

孤独とスリル

かくれんぼは、前述の鬼ごっこから派生した〈かくれ鬼〉、すなわち強大な鬼から逃げる方法として足を使う前に身をかくし、一方の鬼は手でさわるかわりに目で確認するようにしたものである。しかしこども達にとっては、かくれんぼは普通の鬼ごっことはちがう味をもっていた。

それは鬼からかくれ、じっとまっている間のあの孤独でスリルに富む、長くてみじかい時の流れのたのしみである。草やぶの中に身をちいさくしたり、カビくさい納屋のスミにくもの巣もものかわ、息をつめているときの期待と不安にみちた時の刻みが、ちいさな心臓をことことことふるわせるからである。

鬼ごっこが、その面白さを追求して数多くの工夫と変形をうみ出したように、かくれんぼもまた、このたのしさを倍加するように、年令や状況に応じて、鬼の力との対抗形や、複雑型をつくり出していった。

そのひとつは、鬼がかくれている者を見つけた場合、必ず正確にその名前をよぶことを義務づけるやり方である。それによって誰れを見つけたかを確認することになるのだけれども、それを逆用して着ていた着物をうらがえしにしたり、他の子ととりかえっこしたり、頭からかぶってわからぬようにして、鬼をまどわしたりする。もし鬼が名前をまちがえたりしたなら、いっせいにかくれていた者まで おどり出て

〽まちごうた　まちごうた
　あほおに　　まちごうた

とはやしたてた。もちろん再び鬼ははじめからやり返さねばならない。

この皆がかくれる迄の準備時間は「もういいかい」等とよび合うことがあったけれど、その声の方向やふくみ方で見当がつけられてしまうため、多くは鬼に数をかぞえさせていた。数はだいたいが百か二百である。もちろん子ども達は手おり指おりかぞえもするが、年長の子から簡便法をおしえてもらう。

〽だ・る・ま・さ・ん・が・こ・ろ・ん・だ

で10であるから、これを10回くり返すだとか

〽ちゅうちゅたこかいな

をやはり10回くり返すという方法である。後者はおはじきのかぞえ方なのだが、調子がよくてよく字数をかぞえればやはりうまいことに10となっている。一ぺんに20かぞえる方法には、

〽ぼうさんがへをこいた
　たいへんにくさかった

というのが用いられた。坊さんも子ども達にかかるととんだ所にひっぱり出されるものである。

　さてこうしてかぞえ終って鬼がかくれた皆を、あちらのすみ、こちらのかげとさがしてゆく。たいがいちいさい子は簡単な所にかくれているからすぐ見つかる。もうあと二、三人とおもっても、鬼は決して油断できない。これからが危いときなのである。すでにもう見つけられた子が、鬼といっしょにちょろちょろとまわりをとんで歩く。これがまた鬼の危険をますものとなる。そうしたすでにみつかった者のかげにかくれたり、ちょっと不用意に角に近づいたりすると、たちまちまだ見つけて名前をよばないものが躍り出て、鬼にタッチをして「アウト！」と叫ぶ。さけばれたら、万事休す、またやり直さねばならない。たとい物かげから躍り出た者があったとしても、「アウト」とタッチされなければよいのだから、そのとたん鬼はやにわに身をひるがえして逃げ、逃げながら、そのおどり出た者の名を呼べば見つけたことが宣言される。だから鬼が逃げ、かくれていた者が追うという奇妙な逆転劇が何度かくり返される。そのアウトを期待して、特に最初に鬼にみつけられた者は、次の鬼になることからまぬかれようとして

〽アウトを　たのむ
アウトを　たのむ

と、かくれている仲間へのメッセージを送りつづける。そのメッセージは、ひそかに鬼の現在地を知らせる暗号となって、もぐっている者を勇気づける。鬼は鬼で、その声を警戒信号として、適当な間合いと、ぬかりなく周囲へ目をくばりながら、こうして暗くなるまで、かくれんぼは続くのである。

良寛様は子ども達に忘れさられてもまだかくれていたというが、かくれんぼでまんまとほしぐさにもぐった子が、いつの間にかねこんで夕食になっても出てこないので家中でさがしたなどということは、そう珍しいことではなかった。面白くって面白くって、遊んでいたらお腹がすいて動けなくなって、かえったら夕方ちかくだったという話なんかザラであった。もちろんその時は、午前中からの遊びに夢中になっていて、昼食を忘れてしまっていたのである。あの食欲のかたまりみたいな子どもが、食事を忘れてしまう秘密は「アウトをたのむ」とよび、その声に発奮し、ひそかに鬼に迫ってゆく子ども達をとらえて放さぬ何ものかであった。

風とねこじゃらし——秋の遊び——

緋いろ妖しきひがん花

ふしぎな二重性

早生の稲がちょっと黄ばみ、熟し柿が赤くなる九月ともなると、田のあぜや小川のほとりに、緋色もあざやかなひがん花が咲く。夏から秋へうつる季節をいち早く感じとって咲くこの花の色も妖しいけれども、こまかな雄しべ雌しべの細い朱の線や、そりかえった花弁、それに加えて葉っぱがなくて花だけの姿がまず子ども達の心をつかまえる。

子どもばかりでなく大人も心ひかれるらしく、ひがん花は曼珠沙華《まんじゅしゃげ》、かんざし花、いかり花、天蓋《てんがい》花、等のはなやかにも妖しい異名を多くもっている。しかし大人は勝手なもので、墓地などに血の色をして生えてくるからといって、ホトケバナ、シビトバナ、ソーレンバナ、キツネバナ、ステゴバナ、シタマガリ、カンバナ等とよび、忌み嫌う。きらうだけでなく、花にふれてはならぬ、さわった手がくさる、目がつぶれる、なめたら親が死ぬ（！）、見つけたら棒でたたかないと蛇が出る、取った子はテンカン持ちになる等々、まことに子どもにとってはこれほど恐しい毒草はないような言い伝えが

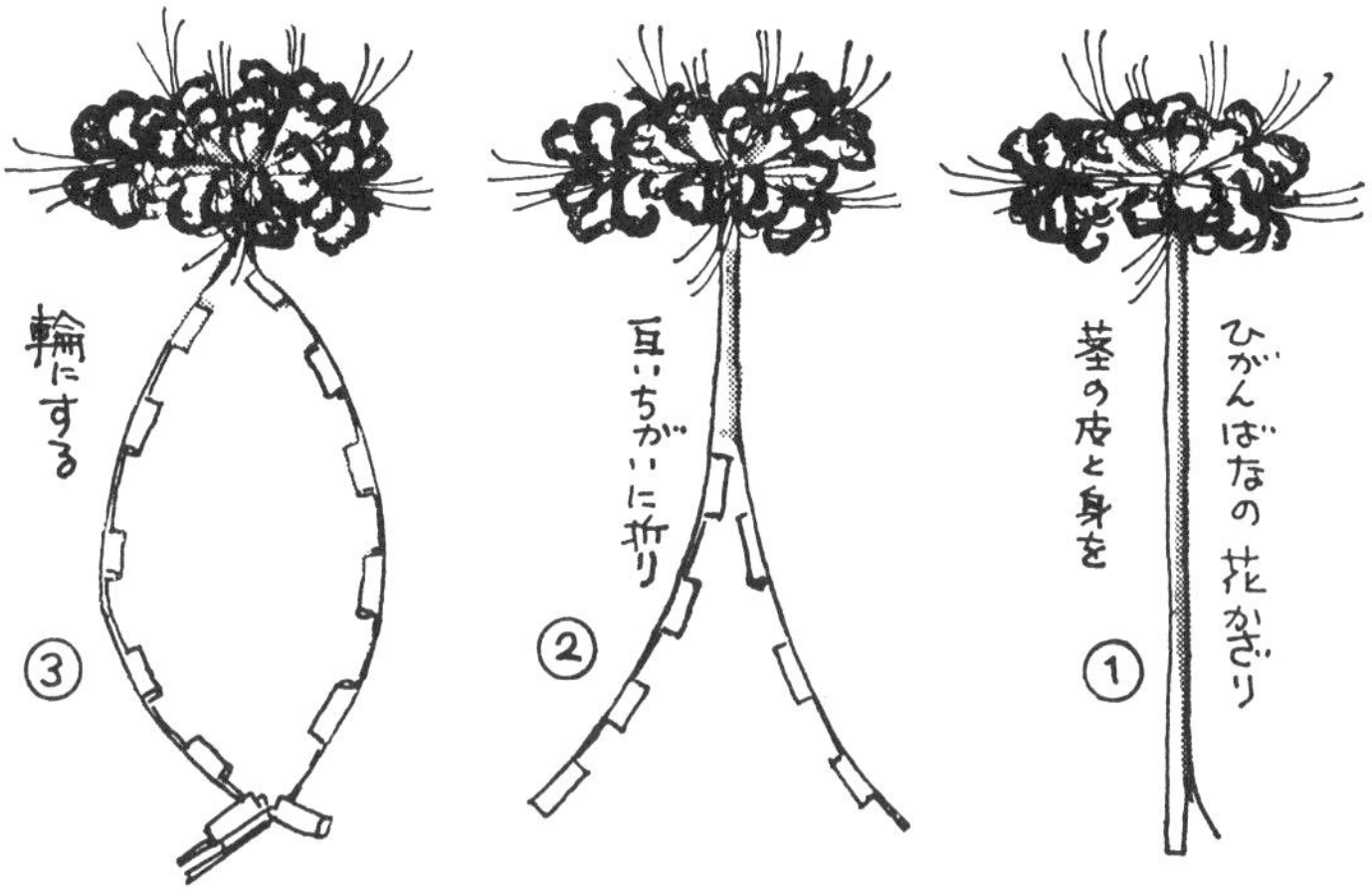

全国に流布されている。

妖しいといわれればたしかにおかしいし、毒だといわれてみると、その赤い色さえ毒々しく見えてくるのが人間の浅はかなところであるが、漢方では球根をすっておろし、腫物の特効薬として用いたり、着物の除虫剤に用いたり、観賞用として海外に輸出されたり、その根から良質のデンプンがとれるため、のりにしたり、ききんのときに食料として用いられた記録がある事実から、ひがん花はそんな恐ろしげな忌み花ではないのである。毒々といわれている点も少量のリコリン分が根にあるだけで、茎にさわったり、なめた位で何の障害が起るわけでもない。

子ども達は、先刻そうした大人の空さわぎを見ぬいていて、さっさとこの花を手折ってたくさんの遊びを工夫し開拓している。子ども達にとってひがん花たる特徴はその花の妖しい赤色ではない。さわった子ならすぐわかるように、ぽきぽき折れやすく、そしてまたむきやすい

皮をもっているというふしぎな二重性をもった茎である。この二重性を子ども達は大事にする。

まず花ごと出来るだけその茎を長く折りとる。そして茎を3～4センチに折り、皮をつけて左へさき、次は同じ長さに茎をおって右へさいて皮をつけ、次は左へ、右へと交互に折りわけて花の所までゆく。この二つに分けたものを輪につないで、首にさげ、赤いブローチのついたネックレスとするのである。

またこの花の一つを残し他をすて、型をととのえたものが、お医者さんごっこの聴診器となった。そのふたつに分れ、ぶらぶらしたものの見たてとしては、なかなかするどい持物観察ということが出来るであろう。

もう一つは、花をのぞいた茎を、前述と同じように左右に折り分け、最後の茎の先端を5センチばかり四つに分割すると、前記したタンポポやイタドリの茎の反転と同じように、皮の方にそり返る。その形があたかもイカリなのでいかり花という名がつけられている。

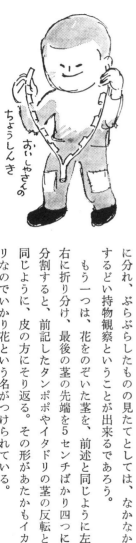

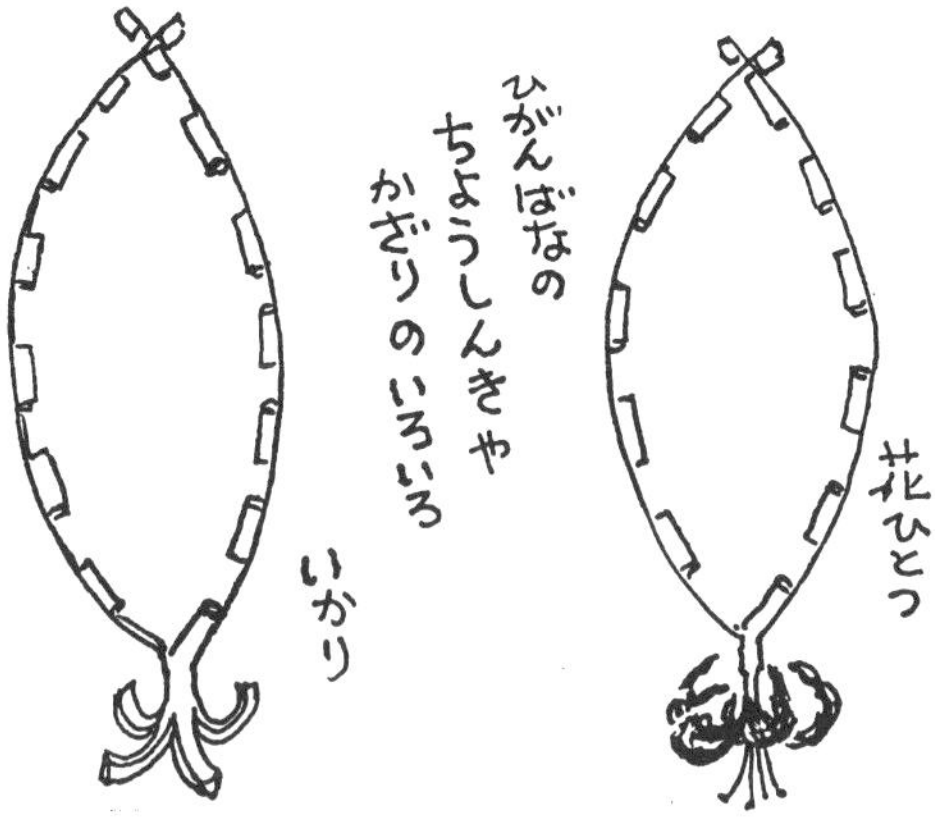

こうして子ども達は春の遊びと似たものを秋で再びくり返す。その共通の部分と、差をはっきりと対応して体得する。その貴重なつみ重ねは、シビトバナを手折る機会をもち、そうした大人の俗言やおどかしをはねのけた子ども達に、さんとして与えられた無形の賞となって輝いてゆく。こうなればシビトバナとかキツネバナとかいう名さえも子ども達にはたのしみとなってひびくのである。

誰そかけし草のわな

ハダシでかける草原

空が高くなると、子ども達は何故だかわからないが、原っぱをかけまわりたくなる。本能の故か、自然のよぶ野性への回帰なのか、赤トンボと競ってみたり、足もとからとびたったバッタを追い、その追ってゆく途中もっと大きいのが飛び立ったりすると、急きょ作戦を変更してそっちの方にむきをかえたりして走ってゆく。

私のちいさい頃、何かというとすぐにハダシになった。ちゃんとした平たい所や、やや巾広い道で競争をするなどといったら、すぐに靴をぬいで草の上においたものである。なぜなら、子ども達の靴はその成長の急速さに耐えさせようというのか、各家庭の経済五ヶ年計画の一環なのか、必ず大きめのものかお下りの靴だったから、そんなぶかぶかで自分の足の意のままにならないものは脱する方がよかったのである。そしておおむね総ゴム製のものだったから、靴の中はどろとほこりと汗でくちゃくちゃで、家に上るには必ずぞうきんか、井戸ばたで洗わなければならなかった。だからあそびに必

要な忘れものをとりに帰ったときなど、靴をはいたまま、廊下からひざと手の四つ這いで侵入することが毎日であった。ズック靴のきっちりしたのなんかは、ずっと後年になって買ってもらったもので、子ども達には靴というものは大へん貴重でそしてやっかいなものでしかなかった。そのことが影響してか、地面を小石が少々あろうが、ぐちゃぐちゃのぬかるみで、足の指の間からニロッと泥が出たりしても、ハダシで地面をけったりはしったりという機会が多かった。きたないとか破傷風菌のおそれなどは、子ども達は一切考えたこともなかったし、たとい靴をはいていてもその靴といったらていねいにも泥の入口と出口が靴裏にあいていたりしたのだから、ハダシとそう変ったものではなかったのである。

そうした子ども達が靴をはいていようがハダシであろうが、実質そうかわらないまま草原で虫を追いかけていたりすると、バタッと足を草にとられてころんだりすることがあった。そのとき子ども達はとられた足もとをみながらちくしょう、やりゃがったナと苦笑したものである。

夏草の中で、カゼグサやチカラシバなどはその強い繊維の故に、はなおの芯などに使われる茎や葉を細く長くのばす。その株を中心に丸くたくさんの

茎が族生する。その葉を左右でたばね結びあっておく。通りがかった誰れかが、足をひっかける。そして倒れる。面白い――という何時とはしれぬ期待薄のいたずらがこの「くさわな」なのである。
その「くさわな」を作るのも子ども達であれば、ひっかかって倒れるのも子ども達なのである。めぐる因果の糸で、いつかつくった自分のわなに倒れたこともあるのではなかろうか。だから子ども達は「くさわな」にひっかかっても泣いたり怒ったりする者はいない。大部分「やりゃがったナ」とおもうのである。安全ママやおせっかいおやじの「もし足でもくじいたらどうするんだ」という心配は、子どもの場合うまいことに、自分の体重と脚力からくる運動量によって、たとい「くさわな」にかかったところで、そうひどい怪我などをしないように出来ていた。その上、倒れる所は「くさわな」が見えぬくらい同じ草が生えている

草の円座

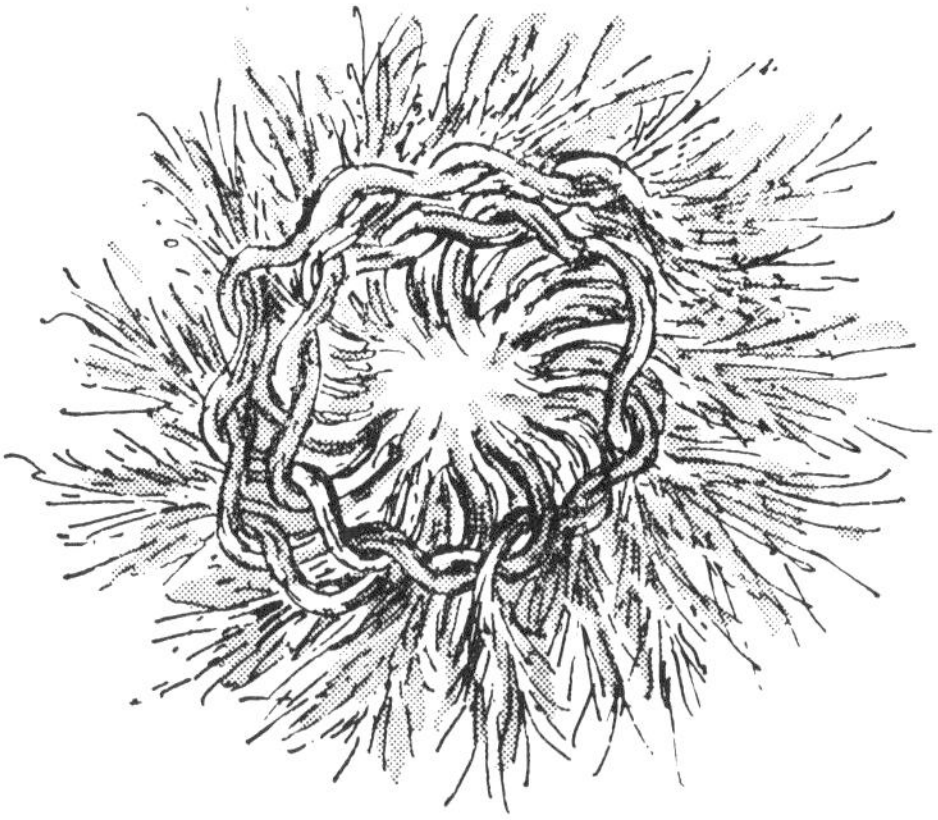

のだから、いい具合のクッションとなっていたものである。やおら立上った子どもは、もう一度足を「くさわな」の中に入れ、自分の足の力でくさわなをちぎろうと足をふんばったりしてみるのがお定まりであった。

もうひとつそのカゼグサやチカラシバを円形に次々とあんで、サンダワラのような円座にして、そこに腰をおろして遊ぶことをした。なんのことはないただ草をあんだだけなのであるけれど、そこにすわったり足をなげだしたとき、その草の円座はすばらしい金の玉座のようでもあり、そこから見上げる空は光あふれる自分たちの自由な空に思えたものである。

ゴムひもとびのスカートちゃん

まぶしい光景

なわとび遊びは、前述したように、子ども達が大へんよろこぶ運動量の大きな遊びである。しかしその良いなわの入手がなかなか困難だし、その上なわにひっかかるところんだり、足がいたかったりという欠点をもっていた。ところが昭和のはじめ、輪ゴムが子ども達の世界に入って来た。輪ゴムをつらねてつくったゴムひもは、その弾力によってひっかかっても痛くないため、なわとびのなわのよい代替品となった。しかもその弾力や機能を利用した「技術革新」が行なわれ、「ゴムひもとび」という新たな遊びが創出されるようになった。

グループの中で負けた者二名がゴムひもの持ち手となって、直線状にゴムひもを空中にはる。残りの者は順序に従って、そのゴムひもをとんでゆく。最初のひくいときは、そのゴムひもにさわらぬように完全にとびこえる。ややたかくなると、さわってでもどうしてでもよいからともかく両足が動作を終ったとき、ゴムのひもをこえていることを条件とする。こうした条件を満足するためには、伸び

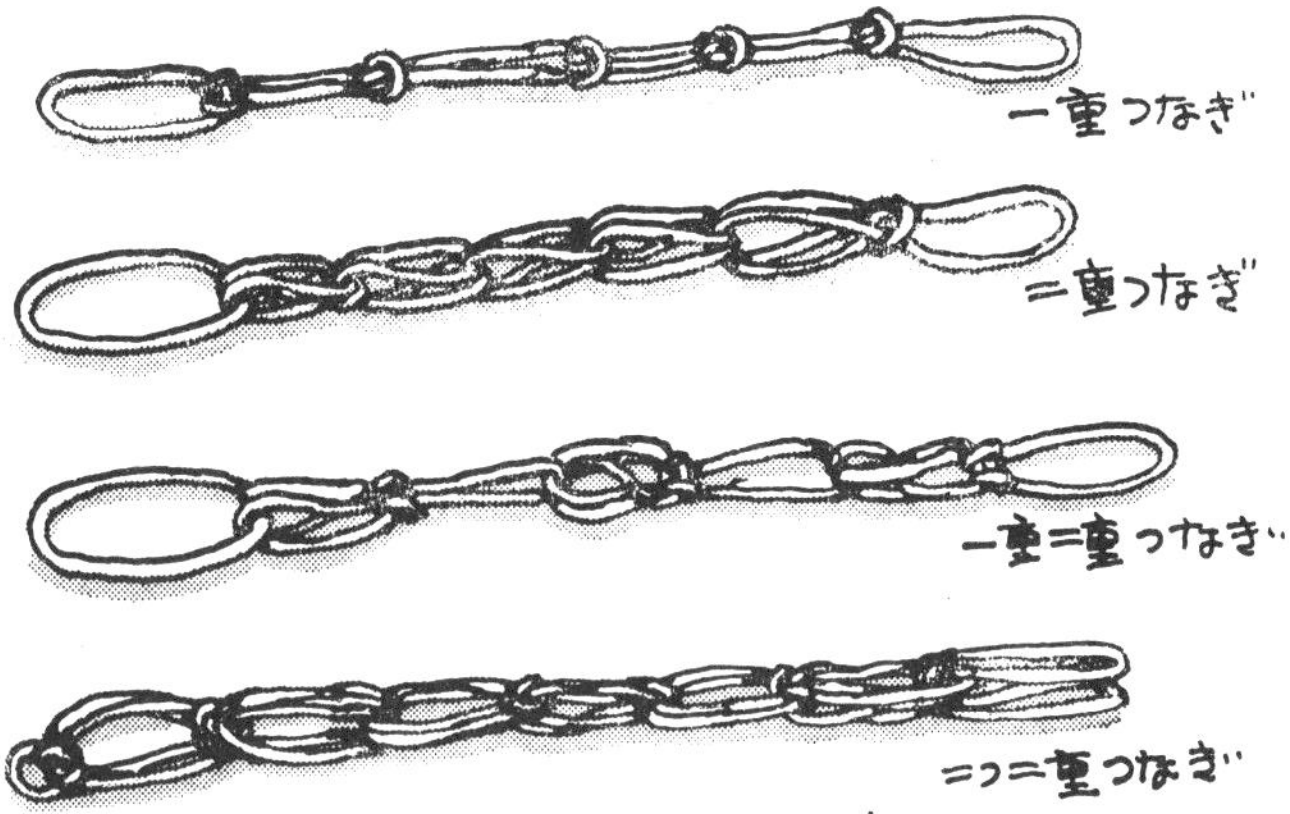

わゴムひものつなぎ方

ちぢみが自由で、多少の抵抗やまさつがあっても、次の瞬間にはするりと元の高さに復帰するゴムひもであることが不可欠の要素となる。最終段階の高さになると、両足の必要はなく、片足でもなんでも、その高さに到達すれば及第という条件にかえられる。これらの条件にかなわず、失敗したものはゴムひもの持ち手となり、遊びは次々と続けられてゆく。

　このゴムひもとびの遊びは、どういう経緯か由来があったのか知らないが、女の子のものという不文律がいつの間にか定着していた。そして、そのゴムひもの高さを女の子らしく次のような女房ことばでよんでいたのである。

おじべた（文字通り地面に接してひもをはる）
おあし（足の甲の高さ）
お一だん（足のくるぶしの高さ）
お二だん（お一だんとお三だんのあいだ）
お三だん（ひざのすこし下）
おひざ（ひざの所。実際はひざのうしろの関節の所が目じるし）

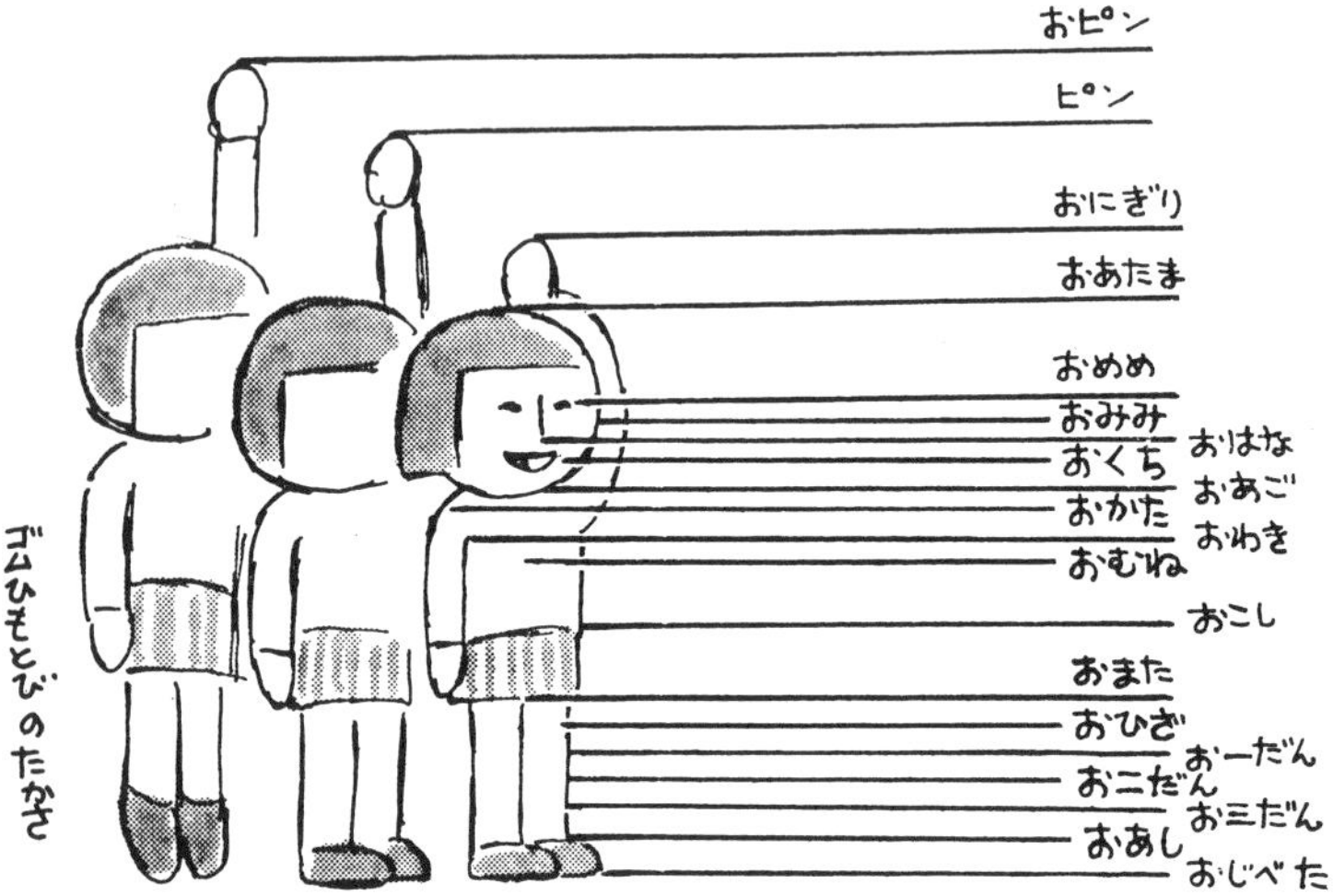

おまた（ひもをまたいだ、またの下の高さ）
おこし（腰骨のところ）
おへそ（へその高さ）
おなか（胃のあたり）
おむね（乳のあたり）
おわき（わきの下の高さ）
おかた（肩のたかさ）
おあご（あごの下）
おくち（口の所）
おはな（小鼻の所）
おみみ（耳の穴）
おめめ（目の高さ）
おでこ（ひたいの高さ）
おあたま（頭頂の高さ）
おにぎり（頭上にこぶしをつくりその上の高さ）
ピン（手をピンとのばした高さ）
おピン（つまさき立って手をのばした最高の高さ）

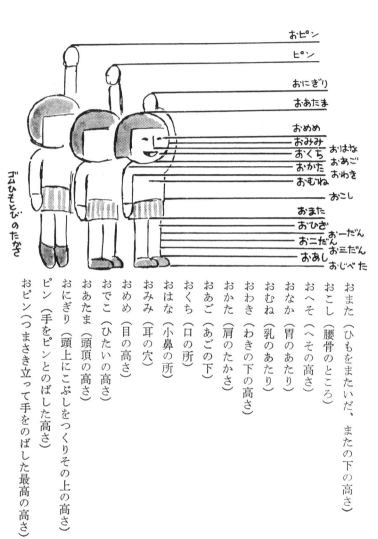

ここにえんえんと記録したゴムなわとびの標準高の名称は、それこそ子どもオリンピックでも催されたとき、そのフィールド種目にえらばれるであろう高とびの、これは重要な検討資料になるであろう。

ともかくこうしたのべ二十数余の各段階を次々ととんでゆく際、女の子たちはおたァめしとよんで試技をこころみたり、その横にはったゴムひもを見ながら、ピョンとかるく足ならしのためにとびあがり、助走をつけてひらりとひるがえるスカートの波を、男の子たちはまぶしくやっかみながらチラリと横目で通っていった。

ふらここ風のねこじゃらし

ちいさな痛み

夏から秋にかけて、私の知ったところでは全国どこでも生えているエノコログサという野草がある。耳なれない方には、ネコジャラシといったらあああれかとおもわれるごくありふれた雑草である。このエノコログサは秋になると、ぶらりとした穂をつけ、それが風にふらここふらここゆれていることになる。

このエノコログサにはいくつもの遊びがあるが、私の一ばん好きで印象に残っているのはテングサンノオハナの遊びである。その遊び方をお知らせするには、私の父のことを記さねばならない。

私の父は不肖（?）の父であって、極めて実直で律義で働き者の、子ぼんのうで小心な、従ってしがない下級の勤め人の典型であった。カーバイトと石灰窒素をつくっていた工場のゆきかえり、それこそきっちりと時間通りに働き、その上少い給与をやりくりするために、休みとなれば家の中のあれこれを修理したり、作ったり、コマメといえば聞こえはよいが、貧乏性を形にしたようにネズミのようにたえず動きまわっていた。幼い頃からその様子を見ていた私は貧乏人は働かなければならないのだということと、会社や役所に使われて働くことと、自分で考えたりつくったりする働きとの二つがあることを感じはじめていた。

その父が三人の子のために自分の働きでどうかしてせい一杯のことをしてやりたい、と考えたのであろう。三人の子全部に充分な教育を与えることは、とても薄給の身で出来そうもない。切なる希求と現実の間で、父のとった方針は長男の兄にまずその総力を集中することだった。兄は幸か不幸か私より十二歳も年上だったから、この長男を立派に成人させれば、なんとかその力で弟や妹の学資をつないでくれるであろうという期待から、父は兄を医学校に進ませようと努力した。そして体をきたえさせるために庭に鉄棒をつくったり、自彊術という体操をやらせたり、進学のために参考書や受験雑誌やら、出来るだけの方策を講じたのである。いきおい、下の子たちへ注ぐ分はそれだけ少なくなっていった。何も私はこうした方針を父母から聞いたわけではない。三、四歳頃の私は、諸般の行動から、そうであることを見抜いていたのである。

評論家の方々は親として子に差別をしたり、まして子どもにそれを気どられるのは最低であるとおっしゃるかも知れないが、私は決して父にうらみも悪意もいだいていない。それどころか当時の父のせい一ぱいの努力を知っていたから、何かをほしいとねだることは、ただでさえあくせくしている父を、更に苦しめるという二重の責苦を与える気がして、ねだるということを抑止する性向を持つようになっていった。そうした私がある日大きな失敗をしでかしてしまった。

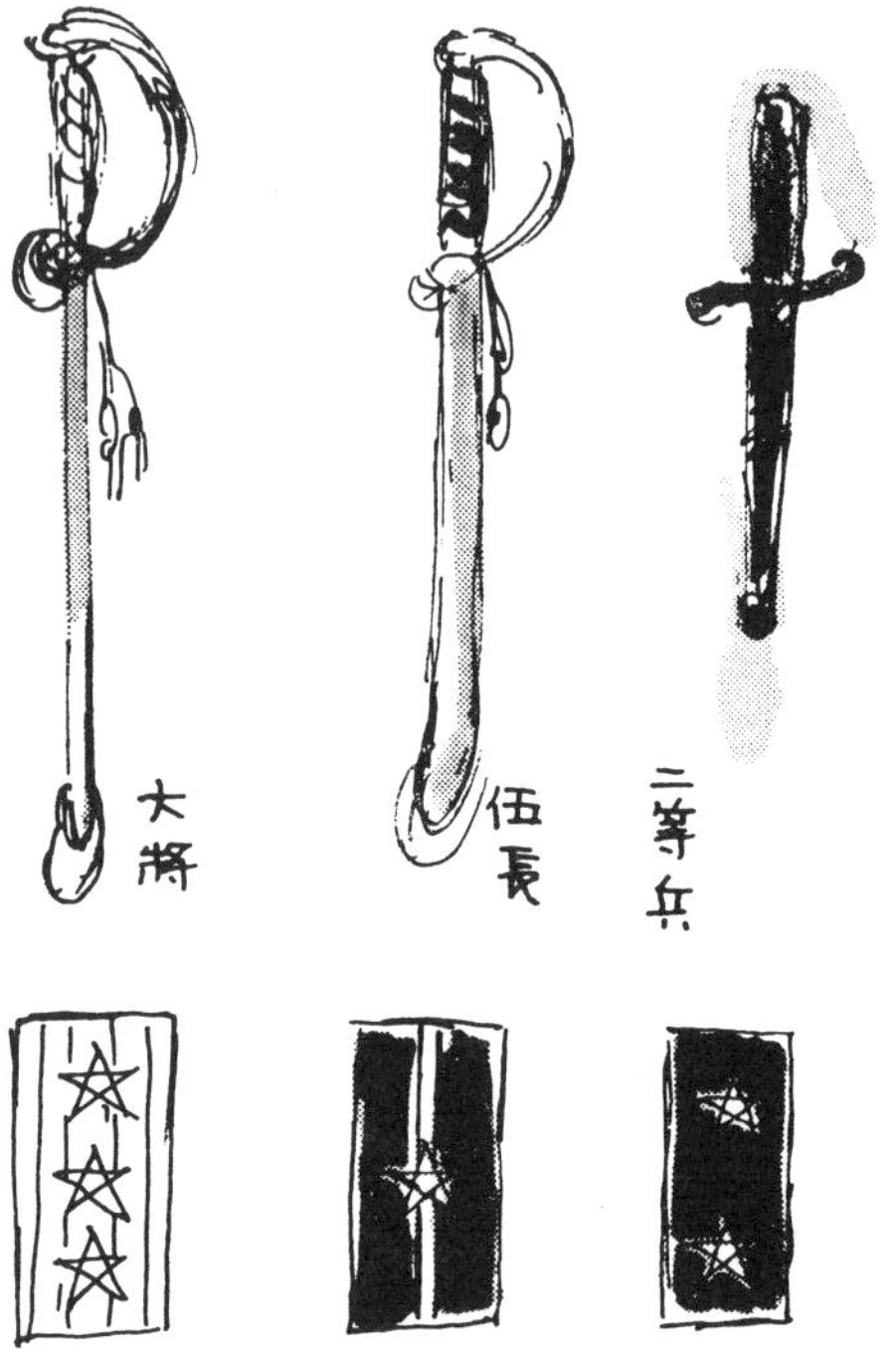

それは私がひとり縁側で、ちいさなモミジのような形を紙にかいているのを父に見つかったことにはじまる。父はそれが星形をかこうとしているのだと知ると、一筆がきで星型をかくことを教えてくれた。それだけならまだ罪は軽かった。悪いことに私のかこうとしていたのは軍人の肩章であることを父に知られたことである。父は幼稚園児の私がよくわかりもしないのに（その実私はそのときかいてくれた父の肩章や剣の様子を覚えているが）軍人の位と、剣の大きさを逐一ことこまかに教えてくれた。しかも、その間、その肩章は、当時の子ども達の中ではやっていた戦争ごっこに使いたいためだということを、父に察知されてしまったのである。

次の日曜日、父は私を軽便電車にのせ、福井の町に出来たその頃珍しいデパートの玩具売場につれていった。そして、私がほしいとも何んとも言わないのに、大将の肩章と金鵄勲章のセットを買って

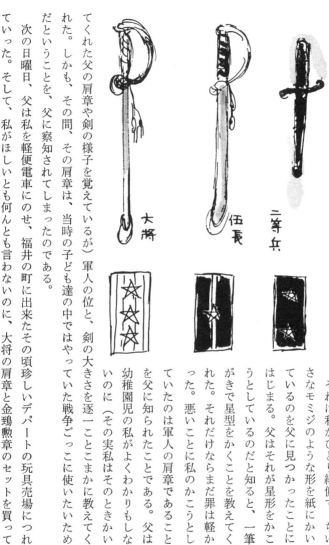

くれたのである。しかしこれだけだったなら、私の印象は四十五年以上にもわたって強くやきつきはしなかったであろう。

若い女店員がそれを包んでもってくると、父はやにわにその場でその包みを開いた。中には大将の肩章でなくて中将の肩章が入っていた。父は声をあらげて「さっきあれほど注意したではないか！」とその女店員を叱責した。ちょうどたまたま同じようにその玩具を注文した客があって、あいにく大将は一つしかないことを知った父は、同じような形だから間違わぬようにあらかじめ注意しておいたのに、マンマと間違えたので怒ったというわけである。その父の声をききながら、私はああどうしよう、私があんな星形をかいているところを見つけられたばっかりに、一と言も口で言わなかったけれど、心におもっていることを父に見すかされてしまったばっかりにこうして父にいらざる出費をさせたあげく、何も知らない女店員をこまらせてしまったと、後悔とざんきの念に

つつまれた。

その場はどうおさまったか覚えていないが、私はそれ以後決してほしいとねだることはもちろん、欲していることをまわりに気どられぬよう心をくだくようになった。

そんないたいけな子どもにそんな思いをさせてといとおしく思う方がおられたなら、子ども達はぜんぶ、いたいけであろうがなかろうが、必ずまわりの環境や家庭や社会から、時々刻々影響をうけ反応し対処していることを、知っていただく必要があるだろう。影響をうけたあと、皆さん方の幼時のようにそれに反発して進まれる子や私のようにその限界の内でなんとかささえようとする内向的な子やらに、それぞれの個性によって分れてゆくものである。そしてまた私の父のように、大人は子どもの心を先まわりして読みとったように思っていても、それはかえって子どもをよりいっそうつらい悲しい思いにつきやっていることが多いものなのである。

ともかくそうした子どもの方から言えば悲しむべき哀れ

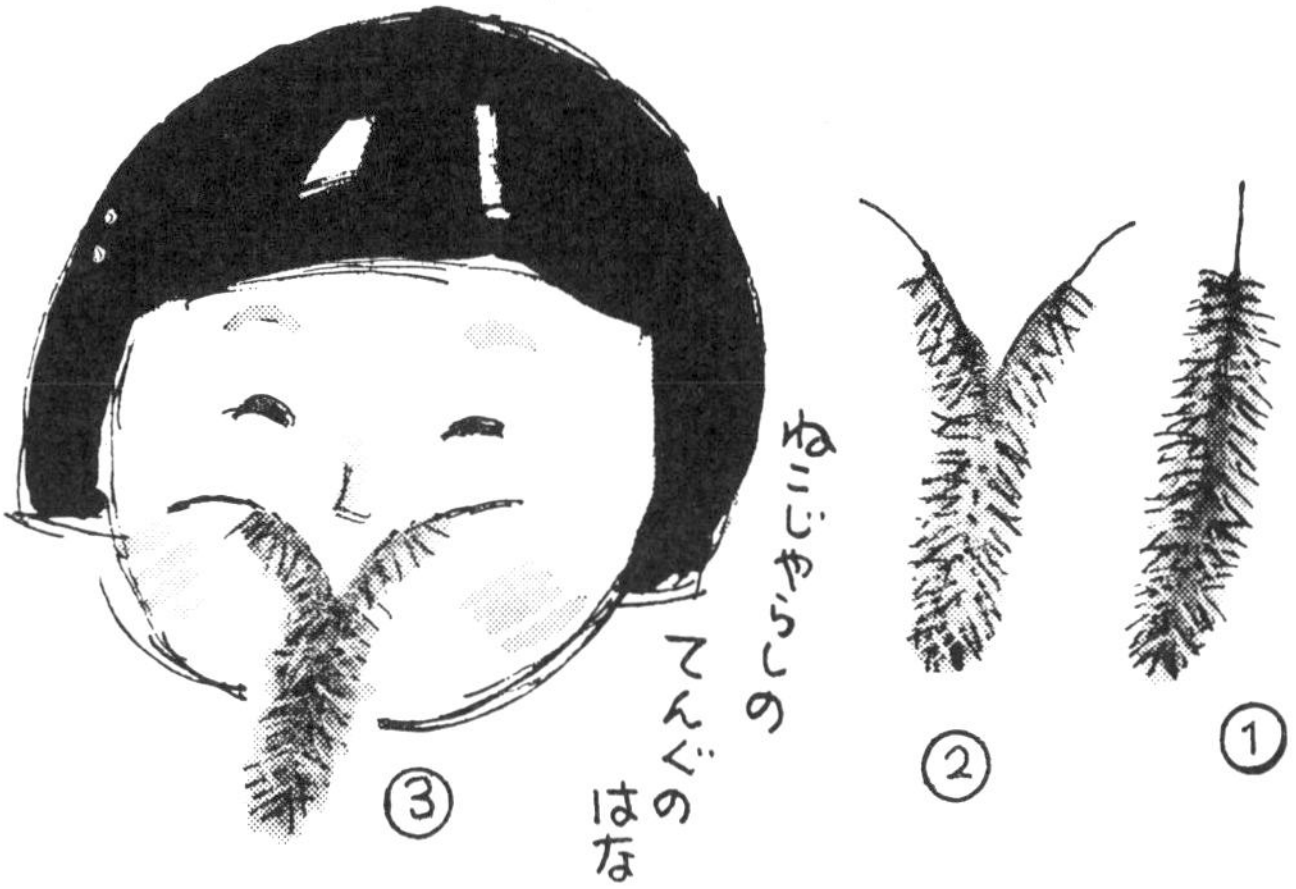

でイトしい父が、ある日の夕方、ふらりと私をつれて土手に出た。そしてふと、かたわらに生えているエノコログサの穂をとり、その折った所を二つに爪で裂き、裂いた所をひろげて自分の鼻の下におしつけて「ホラ、テングだ」といって私の方に顔をみせた。

いつもいろいろ子どもの相手をしてくれるような父ならそうしたことに何の感激もおこらなかったかもしれない。父も子も互いにそれぞれを生きていながら、間を風がふきぬけ、せっかくの配慮がまったくいちがう結果を示す父がふとみせてくれた遊びの新鮮さと、父の新しい姿に私は目をまるくした。しかも父は自分の鼻下につけたそのエノコログサをはずして、私の鼻の下におしつけてけたくれた。コシャコシャとしたかゆさとも痛さともつかぬエノコログサの穂の感触と共に、私の口の上にうまくそのテングノハナはくっついて、秋風にふらふらとゆれ動いたのである。

私のこのときの印象はそのコシャコシャとしたエノコ

ログサの感触と共に今もあざやかによみがえってくる。四十数年の歳月をこえた今も新しくその秋風にふるえるのは、エノコログサの穂だけではない。そのときの父の年令をこえるようになった私の、何故か胸にあふれるおもいが、くる秋毎に私をくすぐる。だから私は、父のやったように私の娘たちにそのコシャコシャを教え、娘たちも友達にこのコシャコシャを教えているらしい。

テングノハナのコシャコシャには理由がある。エノコログサという名は、イヌコログサのなまりからという。なるほど小犬のしっぽのようにかわいい穂である。ネコジャラシといいエノコログサといいともかく、かわいい身近の動物に関連する名をもつこの草の穂は、種子の一つ一つにちいさなノゲをもち、それが一様の方向をむいてならんでいるため、小犬のしっぽのようでもあり、ネコが何か動物と感ちがいしてじゃれつきもするのである。その穂を二つにさき、ひろげて鼻下におしつけるとき、そのノゲの並び方と、ひろげられた穂の元に戻ろうという力は、このノゲの先を、鼻の下の皮膚につきたてる。ちいさなノゲが肌につきたつから落下しないでうまくくっつくのだし、だからちいさなチクチクした痛みがコシャコシャしたかゆみとなって、四十数年の年月を越える印象を宿すこととなるのである。

こうしたコシャコシャを体験し、その面白さにとりつかれ、鼻からおちないわけを知った子どもは、その穂をひきさく前に、手のひらでつくった筒に逆むきに入れ、指を小刻みに動かしてしごくようにすると、一様な方向にそろっているノゲによって、その穂は下から上へ、重力の法則に反して昇ってくることとなる。そして手の筒からするすると出てくる様子を毛虫だぞーといって、ちいさな子をからからうのにつかからうのである。そしてこのエノコログサで覚えたノゲのならんだ穂のあそびは、キンエノコロやムラサキエノコロ、更にチカラシバなどの同系同様な穂をみんなちぎって試みることとなる。うまくゆく種類の草をこうして覚え、それがはえている場所や、出てくる季節を、子どもはコシャコシャの印象と共にひとつずつ覚えてゆくこととなるのである。

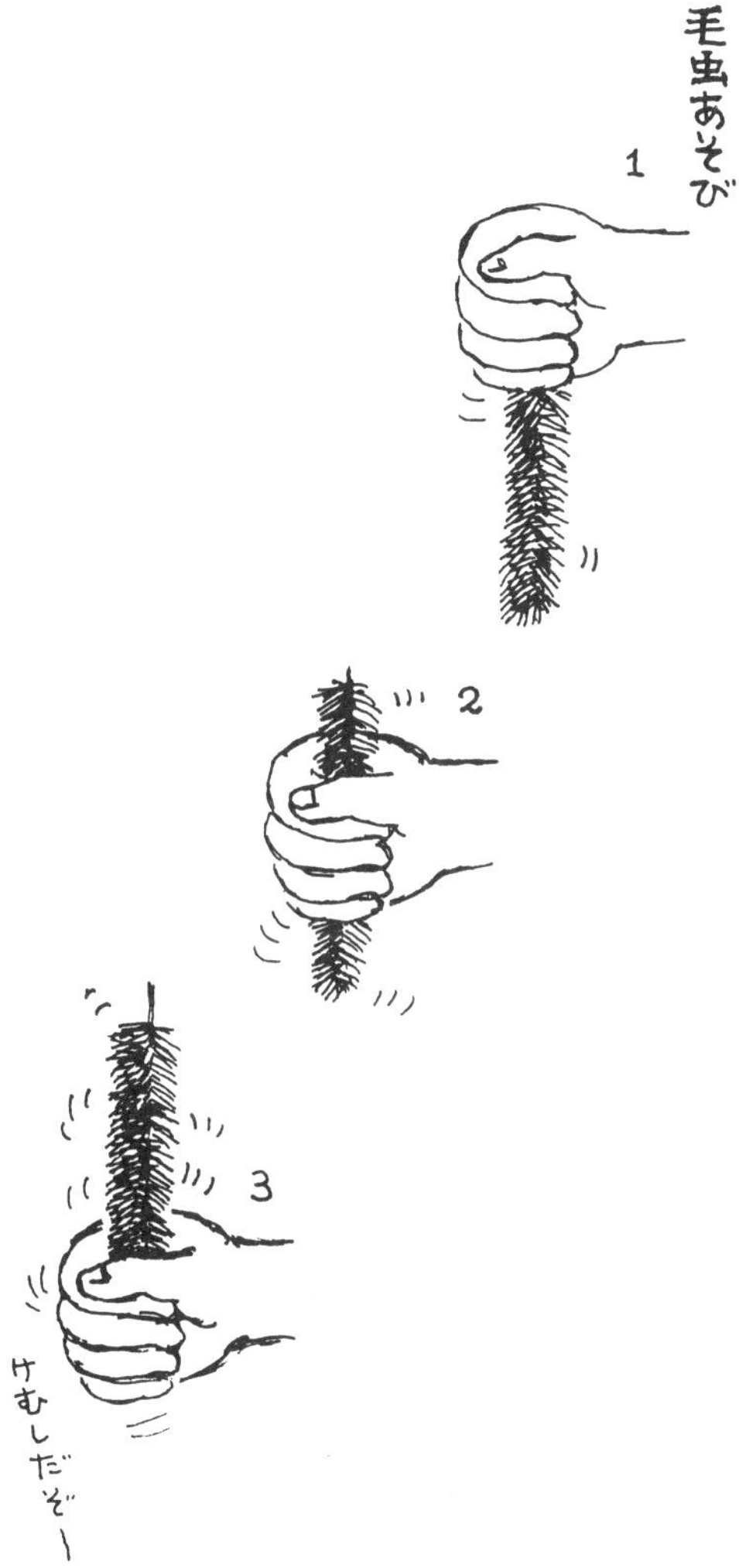

じゃんけんグリコとび

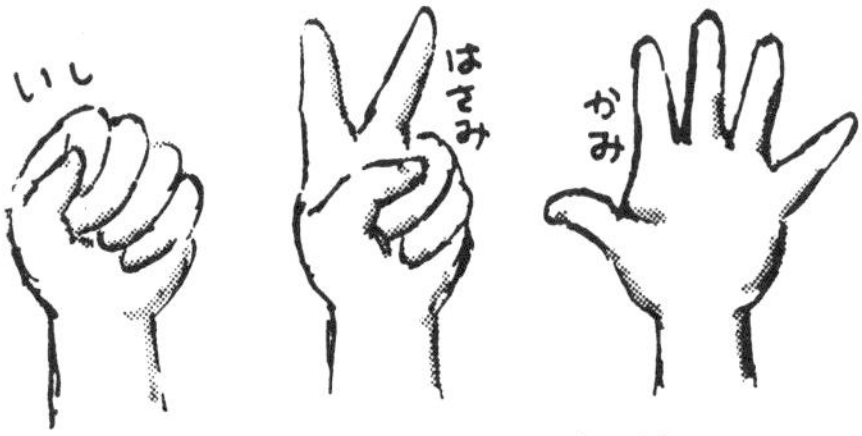

おりこまれる時代色

すでに述べたようにじゃんけんは子ども達の遊びとはきってもきれないものだから、石、紙、はさみ、という標準形に対し、各種各様の言い方やとなえ方が、地方色や時代色をおりこんで工夫され、採用されることとなる。たとえば

石	紙	はさみ
グー	パー	チョキ
ぐりん	ぱりん	ちりん
ぐっすい	ぱっすい	ちょっすい
だんご	おさら	おはし
グリコ	パイナップル	チョコレート
にぎり	へら	やり

あめ玉　　ふろしき　　ろーそく
いわ　　あわび　　かに
おもり　　あみ　　もり
タンク　　パラシュート　てっぽう
ぐんかん　　ハワイ　　ちんぼつ

等が知られている。最後のタンクやぐんかんはもちろん戦争中のものである。そしてまた、このじゃんけんの言い方を利用した各種の遊びが見事に花さいていた。その中でもひときわきわ立っていたのが「じゃんけんとび」の遊びであった。

「じゃんけんとび」は多く明るい陽ざしをうけた広場や階段を利用して行なわれる。人数は二人以上なら何人でもいい。出発点でまず全員がじゃんけんをする。紙でかった者はその紙を表現する言葉の数だけ、歩数をとぶ。しかし、誰れも「パー」とか「かみ」といってはとばなかった。ここで採用されたとなえ方はグリコ・パイナップル・チョコレートの系統であった。

じゃんけんとび

それには戦前の子ども達の状況を語らねばならない。一粒三百メートルのグリコは、戦前の子ども達にとってそうおいしいあめとは言い難かった。形も悪いし、包み紙がぺっちゃりくっついて、なかなかはがれず、めんどうだから紙ごとたべてしまったりしたものである。ところが子ども達はグリコの名をはっきりと知っていた。その秘密は、あの赤い箱の横についた小箱の、おまけであった。中をひらくたのしみと、そこから出てくるチマチマした一寸法師用みたいなミニおもちゃが、子どもの心をとらえたのである。

　パイナップル、これは本物のパイナップルのことではない。本物のパイナップルなぞ田舎の子なんかはさわったこともなかった。当時まだ日本の版図下に台湾があり、日本で一番高い山は台湾の新高山、日本で一番おいしいのは新高ドロップ、その中でおいしいのはパイナップルと、子ども達はエッセンスが入ったドロップを歓迎していたのである。

また当時は、チョコレートといえば子ども達が一年に一回か二回口にできる高級高貴なお菓子だったのである。要するにここにいみじくも「じゃんけん」とびに採用されたグリコ等の名称は、そのシブラル語数が多いだけではなく、当時の子ども達の、お菓子の三種の神器の讃歌として採用されていたのである。こうして紙でかったものは「パ・イ・ナ・ツ・プ・ル」はさみは「チ・ヨ・コ・レ・エ・ト」石は「グ・リ・コ」と各々の言葉を一語一語きりながら、その語数だけを、わいてくる唾液や食欲と共にとび、あるいは段を上ってゆく。そのかったよろこびに大きく声を叫びながらとんでゆき、目標に達したら、また出発点に戻ってくるのだが、勝負の世界はきびしく、やがてはるかに相手と離れてしまって、声がとどかないまま、手の形だけを見せ合って、遊びをつづける。何度も往復しているうち、どちらが往きやら帰りやら、どっちが勝ちやら敗けやらわからなくなる、そうした楽しみがついてくる遊びである。

へそひこうきの宙がえり

それを使い遊ぶこと

折紙というものを子ども達はそうも好まない。なぜなら、教室で先生に教えてもらったり、家で母親が折ってくれるのを見ている分にはツミはないのだが、それを自分でやってみたいと元通りにひらこうと思うと、わからなくなったり、「せっかくきちんと折れてるのにこわしちゃダメ」という声がかえってくるからだ。子ども達はちんとかざってながめておくものなんか、ヒナ人形であろうが、古伊万里であろうが全然つまらない。手をふれてはいけぬ、自分の力ではどうにもならぬというのでは、子ども達にとっては無縁のものである。折紙の多くは、どんなにその折り方が巧妙奇体、精緻をきわめようとただ折ってかざってながめる段階では、子ども達の世界から順次はなれていってしまう。むしろ折った後で、それを使い、それで遊ぶことが主軸となっている折紙なら、子ども達にとって無二の親友となる。こうした子ども達にとって友である折紙に、折紙ひこうきがある。

折紙ひこうきにもいくつもの種類があり、それぞれに、すて難い特長があるが各種の機能と安定性、

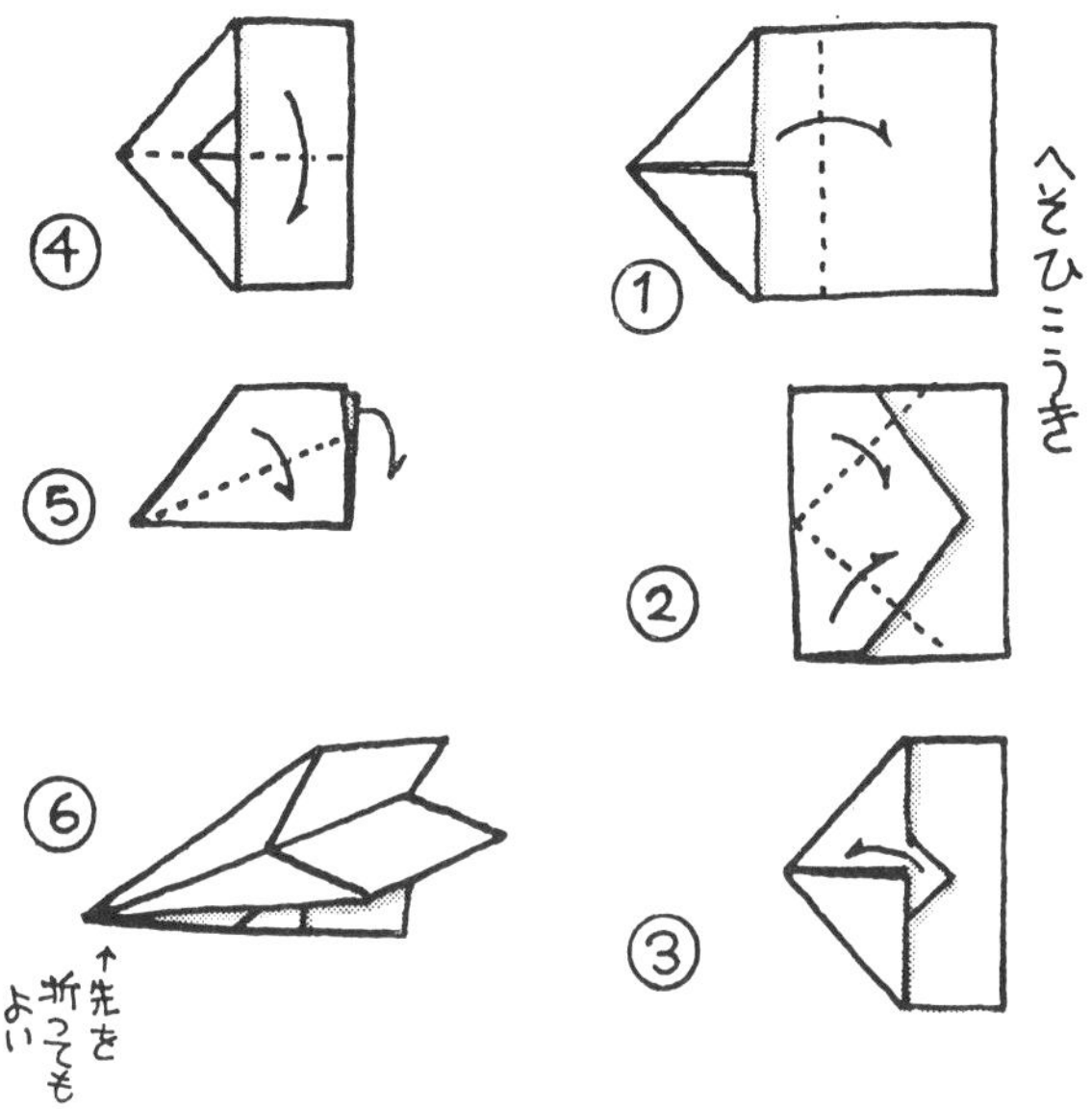

親しめる年令の巾等からいって、私は第一に「へそひこうき」を推薦する。

折り方は長方形の紙の両端を中心へ三角におって、そこを後方へ折る①。もう一度前方の両端を折り②、ちいさく出た三角の頂を前に折りかえす③。上下に二つに重ねており④、翼の部分をひらくと⑤出来上りとなる⑥。

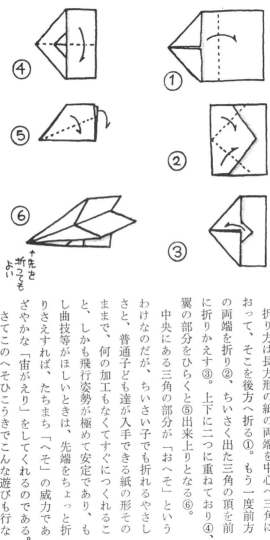

中央にある三角の部分が「おへそ」というわけなのだが、ちいさい子でも折れるやさしさと、普通子ども達が入手できる紙の形そのままで、何の加工もなくてすぐにつくれること、しかも飛行姿勢が極めて安定であり、もし曲技等がほしいときは、先端をちょっと折りさえすれば、たちまち「へそ」の威力であざやかな「宙がえり」をしてくれるのである。

さてこのへそひこうきでこんな遊びも行なわれた。じゃんけんでまけた者だとかをたた

せて的とする。そしてこのへそひこうきを一機ずつ、力をこめ、うらみをこめ、次のような呪咀の言葉、恐怖の句と共にその的めがけて放つのである。

〽一機　いじわる
二機　にくらし
三機　さむがり
四機　よくばり
五機　ごうよく
六機　ろくでなし
七機　なきむし
八機　はばかり
九機　きゅーきゅう
十機　じゅうえいそう

ちなみに重営倉とは軍隊の最も重い入獄のことである。
だがへそひこうきはなかなか当らず、まがったり宙がえりする。それがまた当人にも的にもおもしろかったのである。

あやしきカゲふみ

スマートでふしぎな魅力

最近は学校の宿題に追われるのか、塾がよいが忙しいのか、戸外であそぶ子どもの姿や声がめっきりとすくなくなってしまった。ときによると公園で遊ぶ子どもの声がうるさいから「騒音（？）公害（！）だ」と文句を言う大人もあるとのことで、子ども達はたとい遊び場の中でも「声なしジャン」でジャンケンをし「声なしおに」でもやらなければならないのかもしれない。

子ども達は大人とちがって、暴力や金力や権力をつかって、ごりおしをしたりエゴのかたまりみたいなことをしない。無法や無理に対し、何時の世でも心の中ではコンチキショウとおもったり、つまらないなあと口をとがらせて、その無限な創意と柔軟性をもって流れに従って来た。いってみれば最もおとなしい羊のような群れであり、長いものにさからわぬ黙した民衆であった。しかしおとなしいからとて黙しているからとて、子ども達の子どもである重要な生活文化の部分、遊びの、時間や場所や用具や精神までも自分達の利害得失だけでうばい去って来た最も忌むべき、最もにくむべき仇敵は、

大人達であることを、子ども達ははっきり知っている。

ところで、まだそうした仇敵たちが、そうむやみやたらに己れの利害得失に追われていない頃、子ども達は日のくれるまで遊ぶことが許された。しかも日がかたむいて来たり、ときには歌の文句ではないが月がとっても青くてきれいなときなんかは夜までも遊びを延長して、長い影法師のカゲふみごっこをした。

カゲふみというのはいわば鬼ごっこの一つの代替法である。普通の鬼ごっこは、鬼がにげる子の身体にふれることによって鬼の番を交替することとなるが、この人体が地上をはうカゲにかわることになれば、身体に手でふれる行為はいきおい足でふむという見事な変換となる。こうしてここに一つの子どもの遊びが生れることとなる。

だがカゲふみをする子にとっては、単なる鬼ごっこの代用品とはちっとも考えない。それどころかもっとスマート

で不思議な魅力のある遊びとしてカゲふみに興ずる。その魅力とは、たとえば追いかけられた子のカゲが、あわや鬼にふまれそうな一瞬、ふいにしゃがみこむとカゲもちいさくなってまんまと魔手から（魔足？）脱せられるだとか、危いとおもったら大きな家のカゲなんかに逃げこめば、そこはまことにカゲのない安全地帯だったり、街灯でやるときなど、その街灯の柱に抱きついちゃうと、ほとんどカゲが出来なくなってしまったり、くるっと反対側にカゲが出来るよう、うまく光源を利用したり――というさまざまな方途があるからである。それらは光とカゲのおりなす効果であり、作用の活用であった。

普通の鬼ごっこなんかでは見られない、光の持つ独特の面白さ、カゲがうみ出す動きとゆらめき、しかもどんなに強く頭をふみつけても、どんなに乱暴におなかをけぁげられても痛くもないし、平気なこの魅力に子どもたちはよいしれる。なんとこの世の中には、光とカゲなんて不思議で面白いものがあるのか、子ども達がたのしく遊べるように、きっとこれはあの仇敵なんかとは正反対の、すばらしい子ども達の味方、救世主が考え考え、つくってくれたものに相違ない——子ども達はあやなすふしぎなカゲにおもうのである。

洋服箱のお人形

人形教の鼻組

私が小学一年のとき、家が町中《まちなか》に近い所へ引越した。町中といっても当時のちいさな田舎町の駅の裏手に当る所だったから、まだあたりには原っぱがあって、ススキがいっぱい茂っていた。その原っぱのはじっこに上級生の男の子の家があった。

その子がある日おもしろいものを持っているのをみつけた。見せてもらうと、手足がぶらぶら動く、横向きの人形だった。なんのことはない、厚紙を切りぬいた胴と手足を、糸玉で支点にとめただけのものだったのに、どういうわけか私はそれにひどく魅《み》せられてしまった。おそらくあらゆる口実や甘言や巧弁をこの年上の子に言ったのだろう、遂にその人形をちょっとかりることに成功した。いそいで家にかえると、その型紙をとって原紙はいち早くその子に返した。

それからが大変である。厚紙の材料として母から洋服箱を一つ下附してもらった。その外箱内箱を解体し、それに先の型紙をあて部材を切り抜く。太い針と糸をもらって、手足をとめる。クレオンで

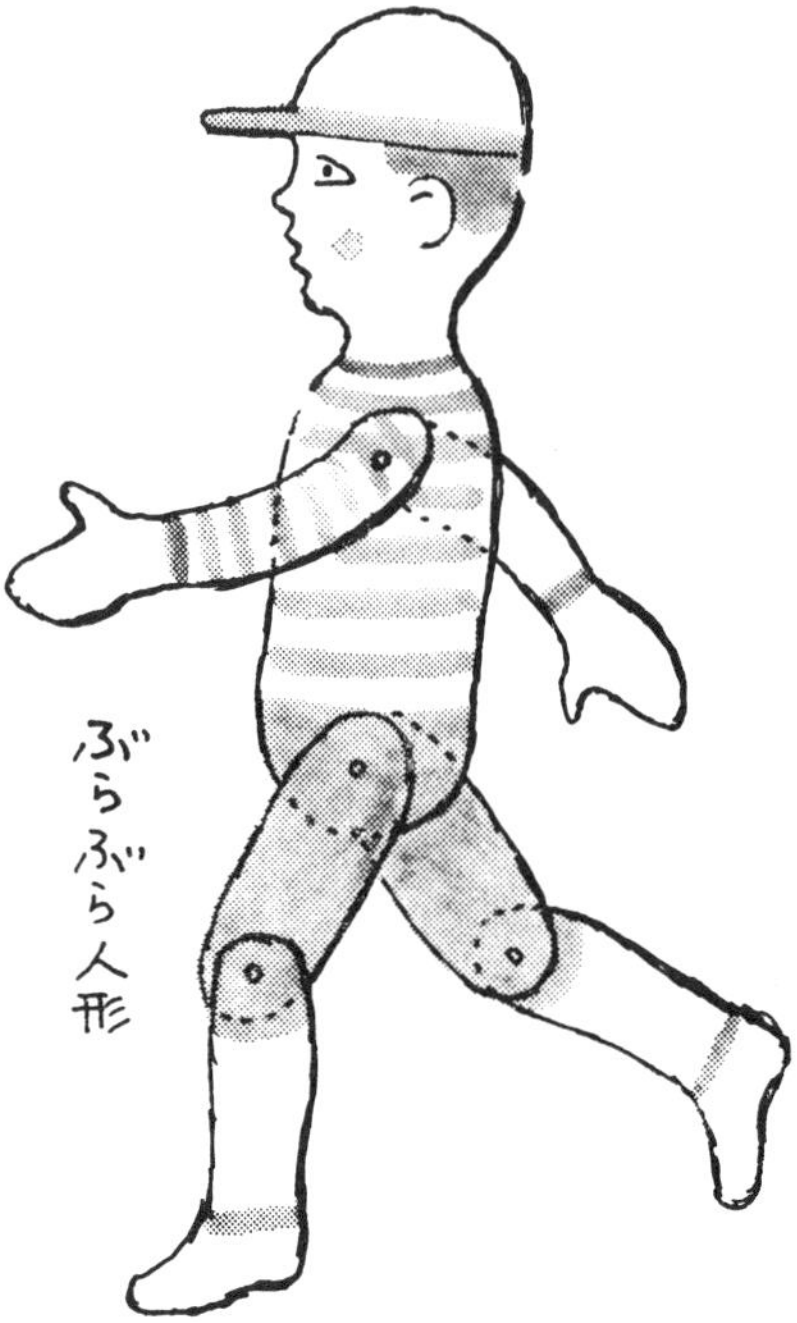

顔や服の色をぬる。洋服箱は大きいから、外箱だけで5つか6つも作れたろうか。しかし私の満足はそれで止まらなかった。家にあっためぼしい洋服箱は残らず、下附どころかムリに内味をタンスに押しこませて空箱化して、この人形に化けてしまった。

服の色や模様を色々と変え、顔つきも笑っているのや怒っているものやら、ときには右半分は笑い左半分で泣いている人世劇場のようなものも作った。こうしてただ一つ残った洋服箱にいっぱいの、百体近くの人形群がたまった頃、いつしか私のところが近所の人形のメッカとなってしまった。

ちいさい子はその人形を拝観にやってくる。やや年長の子は、かつて私がしたようにその型紙をとらせてもらいに来て、私の作り方の講義をひとくさり聴いていった。私はトウトウと一席ブチ、最後にずらりと百体近くの人形群を廊下にならべてフィニッシュを飾った。それも駈け足をさせたり、坐らせたり、おじぎをさせたり、ひっくり返らせたりするさまざまなポーズでフィナーレを結んだのである。

完全にその原型を教えてくれた上級生の存在はうすれ、私がその人形教の鼻祖《びそ》となり、家元となってしまっていた。

ともかく何につかれたかは知らないが、近隣の子ども達は、毎日洋服箱をせっせとこわし、切りぬき、このブラブラ人形を作ることを楽しんだ。

同じ伝で私は馬を作ったことを覚えている。四足をブラブラさせた白馬で、前に作った人形をちょうどのせられる形を今度は自分の創意でつくり上げた。しかしどういうわけかこの馬の方はさっぱりはやらず、型紙をとりに来た子は一人もいなかった。やはりなかなか大衆の支持の下での新分野の開拓はむつかしいものである。

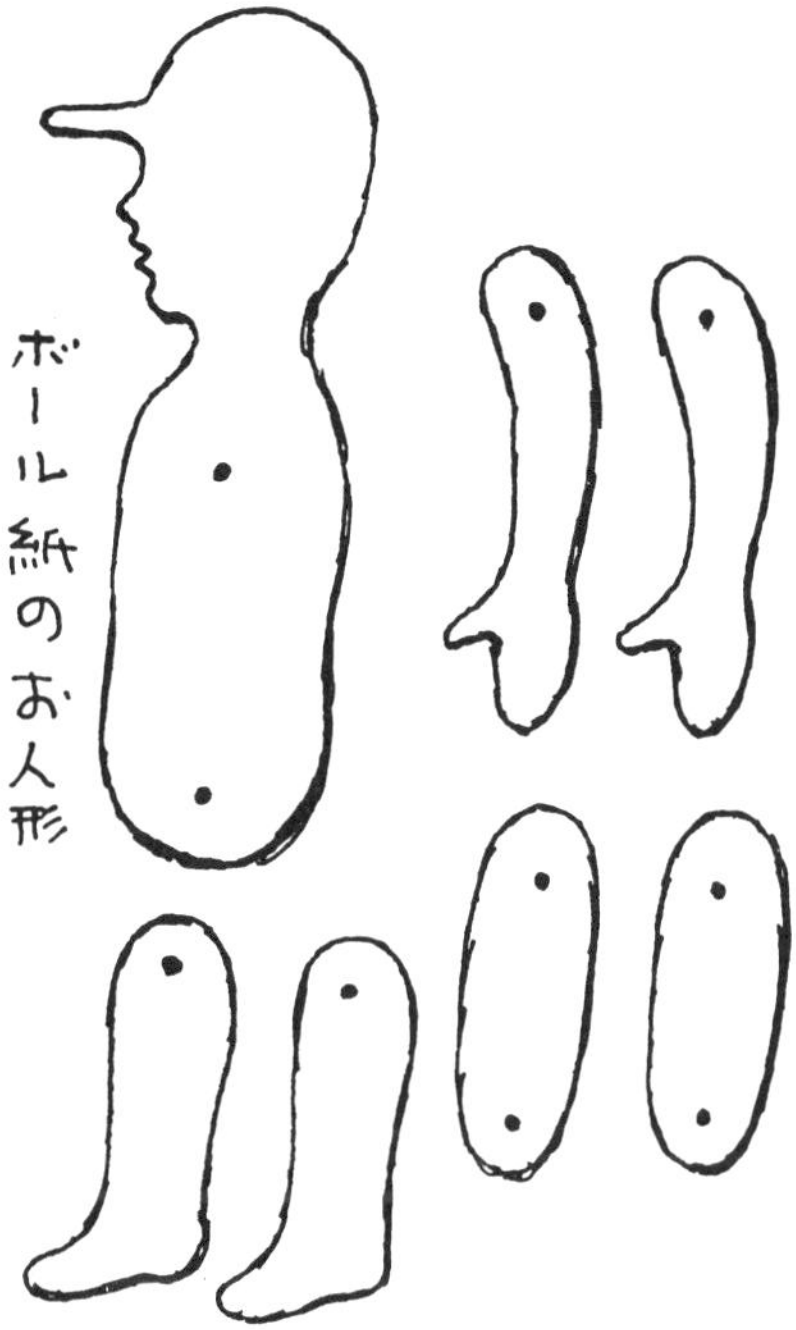

兵隊ごっこ戦争ごっこ

見当ちがいの大人の論理

私の子ども時代から戦争をとり除くことはできない。生れたときから成年に至る間、それは戦争準備期であるか、戦争のさ中であるか、戦争の事後処理であるかの差はあっても、それらは常に連続し、きびすを接していたから、どこをむいても戦争の臭いがたちこめ、戦争の色ににじんでいた。

たとえばふるさとで育った八年間は金融恐慌、山東出兵、張作霖爆死事件、ロンドン軍縮会議、統帥権干犯問題、柳条溝事件、満州事変、上海事変、五・一五事件、国際連盟脱退という一般庶民の生活が極度に不安にさらされた期間であり、やがてそれは二・二六事件、日中戦争、太平洋戦争へとおちこんでいった前奏曲であり、導入部でもあった。子ども達の耳にきこえてくるのは軍歌であり軍国主義の歌であった。

子ども達の雑誌や本にも、やれ勇敢な軍犬ナチ号の話だの、傷つきながら遠距離を翔破した伝書鳩だの、もちろん教科書にも「シンデモラッパヲハナシマセンデシタ」兵卒の物語が大きくとりあげら

れていた。子ども達の献金や、銀紙を集めて、愛国何号とか報国何号という飛行機が軍に献納される社会の中で、子ども達の遊びも戦時色をおび、「兵隊ごっこ、戦争ごっこ」が男の子の集団あそびの中で、大きな座を占めていった。

その頃満州はあたかも日本の領土のような錯覚を日本人はいだいていて、「馬賊の歌」とか「大陸浪人」が、多少の皮肉をこめながらも迎えられ、満州へ行けば何んとかなるという風潮が流れ、その中でおこった満州事変の無敵関東軍の活躍する様子が、写真入りで連日新聞紙上を飾った。特に子ども達の興味と関心をよんだのは、赤い夕陽の曠野をバックに捧げもった軍旗が、その歴戦を物語るようにふちどりのふさだけになっていたことである。たちまち竹の棒に、荒縄がだらりととりつけられ、夕やけのシルエットでみるならば、満州の野をゆく軍旗をおもわせるものが子ども達の世界に登場した。

誰れも敵軍になりてのないまま、乾いた泥のかたまりを自ら投げて土煙をあげて弾丸にたおれるもの、匍伏《ほふく》前進というむつかしい体形で、土手を上ったり下ったりし、そしてせっかく登ったところで「天皇陛下バ……」といってどっと倒れころげおちるもの、それをたすけにタンカを運ぶ衛生兵、さては双眼鏡をもったつもりの鬼部隊長などによって、連日激しい戦闘が、関東軍もかくやとばかりくりひろげられていったのである。草の上といわず、道の辺といわず身をかがめて伏せなければならぬ激戦だったから、家にかえってそこらをたたくと土や砂が髪の毛からどっさりおちてきたりした毎日であった。

こうした戦争ごっこについて、土手や草はらで泥だらけになっている子ども達を、あたかも関東軍と錯覚して、そんなことはこどもの遊びとして許すべきではないという批評家が現在いる。なるほど批判力が充分でなく、まわりの世の中の情勢のままに、わら縄の軍旗を仰ぎみて倒れたり、名誉の負傷のホータイを足にまいたり、一心不乱に伝令をこれつとめていた様は、子どもだとて少々はずかしいものであった。たとえばふと気がつくと自転車をとめてじっと感心して見ている百姓じいさんがいたりすると、誰れいうとなくやめてしまったものである。

またそれとは反対に子ども達は互いに仲良く育てようとしてもすぐに喧嘩をはじめたり、とっくみ合いをはじめる。ちいさな子どもでも互いに争うとか戦うというようにこれは人間という生物本能なのだから、それが大きくなって戦争になることもまた、自然の法則である——などという論をのべるおそるべき幼児教育者に今でも出会うことがある。恐るべきというのは、その子どもに対する見方の浅薄なことと、第一線の兵卒達は闘争心を強要させられたかも知れないが、常に戦争の原因は経済が支配して来たことを戦後三〇年もたっているのに未だに把握せられぬことに対するおどろきである。

子ども達が戦争ごっこをしたり、倒れたりけんかまがいにとっ組みあうのは、すもうの項でも述べたように、発育し成長する子どもの性向として、親しい者に対し競合しあい、互いにみがき合って心身をそだてあげる行動に他ならない。相手を打倒し、殺リクし、略奪し、支配下におくことの目的をもった経済的利益組織とその権力者の、自国民をもって他国民に対抗させる戦争とはまったく異なるものである。

その政治的立場は如何であれ、このように安易に子ども達の遊びと戦争を混同している大人達に対しては、その当の子ども達は大いに不満どころか、どうしてわかってくれないのだろうというもどかしさと不思議さでいっぱいであった。戦争ごっこを連日やっているからとて、師団司令官が喜ぶこともなければ、反戦平和団体が目をむく必要もないのだ。もし攻撃や論究を進めるならば、そうした社会そのもの、大人達にその鋭鋒を向けるべきであろう。子ども達は悪漢ごっこでも、上海《しゃんはい》陸戦隊ごっこでも同じだったのである。ただ子ども達のやや本能的な時代感覚によってギャングごっこや女の子いじめより、「満蒙のまもり関東軍ごっこ」の方が世の大人たちの反対はおろか、大いに精神的にも支援されるものであることを選別していたし、まして「天皇陛下バ……」といって倒れることに関しては誰れも口をさしはさまないことを知っていたからそれを採用したまでのことなのだ。

しかし子ども達は、本当に何も感じないで時の流れにさからわない方向に従っていたのだろうか。

私はまだ小学校に入る前、その戦争ごっこの上官殿の兄きが、兵隊検査の折、「ショウユ」をのんで行ったということを、泥によごれた上官殿が声をひそめて話し、そしてこれは誰れにもいっちゃいけんぞ、わかれば兄ちゃんがろうやへ行くんだからなとつげたときの、あの真剣な顔つきを忘れない。その顔つきと声から、私はこれは大へんなことであると感じとった。ショウユをのむことが如何ほど医学的効果を示したのか首尾よくその兄ちゃんが発熱して、兵隊にとられずにすんだとき、やはりその上官殿は、私たち兵卒を集めて激戦を指導していた。その上官殿の秘話を時効になったとおもうので、はじめて公開する私は、誠に感無量である。

更に「事変」という名称でよばれていたけれど、それは明らかに大規模な戦争で、戦地に向う兵士を町内会からの知らせで見送りに行った光景を私は忘れることが出来ない。さむい駅の裏側の、黒い柵の傍で、長い間まっていたその列車がやってきた。窓はしめられていたが、その中から一ぱい赤ら顔の兵士の顔が列んでいて、連結器の所からも手をふる兵士の、もう一方の手には、鉄砲がま新しい白布につつまれて持たれていた。その兵士の車輛のあとに、何台もの貨車がつながり、その貨車の中央のあいた間から、軍馬と、それにつきそった兵隊がさみしげな顔を皆だしていた。千切れるように日の丸の旗をふり、大きな声でバンザイをさけぶ戦争ごっこの子ども達にうつった兵隊たちの顔は決して笑みをうかべたものではなかった。さすが無敵日本陸軍の厳しい顔でもなかった。それはさびしい顔のつらなりであった。馬さえさびしい長い顔をしていた。駅から小旗をまいて、家にかえる親や子ども達は、いつもなら大きな声ではしゃぐのに、だまって歩いていた。子ども達は、あの泥まみれの上官殿のように、兵隊に行くことの真の意味を実生活の中で、他人には話さねど皆よく知っていて、いま通りすぎていった日本のどこかの兄や父たちも、そういう気持だからあのさみしい顔で一心にみつめていたのだと思い、あの鉄砲にまかれていた布の白さをちいさな胸にたたみこんでいたのである。

こうして当時の子ども達は、雑誌や教科書に書かれているとは違う、学校の先生が話す事とはちがう真の戦争の姿を少しずつ少しずつ知りながら、相かわらず「天皇陛下バ……」といって倒れる戦争ごっこで育っていったのである。私にいわせればそれは教育の敗北であり、虚偽を見ぬかれた社会であった。

下駄かくしちゅうねんぼ

なんと魅力的な

その頃は、はきものといえばぞうりか下駄だったので「下駄かくし」とよばれたが、今の子どもたちにとっては「靴かくし」と呼ばれるべき遊びがある。

「鬼ごっこ」と「かげふみ」が一つの対応をなしているように、この「下駄かくし」や「靴かくし」は前述した「かくれんぼ」と一つの照応を示す遊びなのである。すなわち「かくれんぼ」が、鬼にみつからないよう各人が身をかくして遊ぶのに対し、その身体の代りに分身としてのはきものをかくし、それを見つけたり見つけられたりするという遊びに変成したものである。

「かくれんぼ」では身をかくしてしまえば、ほとんど見つけられるまで外部の状況を知ることが乏しくなり、客観的に推移をみとることが出来にくく、いきおい主観的な判断や偶然性にたよらざるを得なくなってゆくけれども、「下駄かくし」にあっては常に鬼の行動をながめることが出来るという余裕をもって、自分のかくしたはきものとの関係を考えることが出来ることとなる。しかもちいさなはきものだから、ほんのちょっとした所にかくしたり置いたりできるという機動性をもつこととなる。

電柱の登はん用の釘にひっかけたり、ごみ箱の中に紙でつつんで入れたり、自分のふところに入れたり、木の葉っぱのうえにのせたり、軒先にひょっととほうりあげたり、ときによると砂や土のなかにうずめたり、その工夫のさまざまなことや、苦心の面白さは子ども達の生きた状況判断の数々であった。

鬼はこうしてかくし場所を工夫した子と知恵を競うように、そのひそんでいるはきものを次々と見つけ出し、その持主の名をよぶ。その名前をまちがえたりするおそれのため、鬼はたといはきものを見つけ出したからといって、安心しておられない。たいがいは慎重にそのはきものと、片足ちんちんでまっている子の残ったはきものをちらっと確認して名をよぶのが常となっていた。

しかし鬼の方が慎重な方法をとればとったで、子ども達の方もそのうらをかいて、残った子どうしで、はきものを交換しあって、わざとその足を見せびらかして、混乱させようとする。その上

〽げたかくし　ちゅーねんぼ
　はしのしたの　こねずみが
　ぞうりをくわえて　ちゅっちゅくちゅう
　さかなをくわえて　ちゅっちゅくちゅう

と、鬼をいらいらさせるようなはやし歌を唱和しはじめるのだからたまったものではない。

しかも「かくれんぼ」のときあったように、鬼の制裁が設けられているのだから、ますます鬼は油

断できない。あちこちはきものをさがしている間、まだみつけられない子は、そっとかくした場所からはきものをとり出し、両足にちゃんとはいて、ひそかに鬼に近づき「アウト」と宣して鬼にさわれば、再び鬼をくり返さねばならないのである。従って鬼は無用に近づいてくる者に厳重な警戒をおこたってはならない。

ところがこまったことに、まだちいさすぎる二つ三つの子ども達は、おもしろがってついてくるし、わざと鬼の神経をイラだたせるように、もうみつけられた子もまだの子も、急にバタバタと足音をさせて近づいたり、両足にはきものをはいた様子をしてみせる。そのうえ「下駄かくし」をしていない子がまぎれこんだりして、その判断に迷うことがあるものなのだ。従って下駄かくしの鬼は非常に大へんであるし、はきものをかくしている側の子にとって、これほど面白い遊びはないこととなる。

そこであんまり鬼の負担が大きいので、多少の緩和法が考えられている。鬼がかくした場所に近づいたなら、その持主は必ず「アツイアツイ」と言わねばならぬ規則が設けられる。どの位をアツイ区域とするかは一定していないが、3〜4メートル位が標準であったろうか。いったんアツイ地帯に入ったなら、もし遠ざかれば「サムイサムイ」と言ってくれるので、ほとんどそれは見つけることが出来るというわけである。しかしこうしたアツイ、サムイにふりまわされているときが、最もアウトされやすい魔の時間なので、子ども達はここで虚々実々の警戒とかけ引きの勝負をすることとなるのである。

こうしたつばぜり合いがくり返され、もしそのちょっとした力をぬいたりしたなら、ほとんどうかばれることのない鬼となって、どこともわからないゴミためや家の隅をさがしまわらねばならぬ運命に堕してしまうことを子ども達は知っていたからこそ、この「下駄かくし」がよろこばれたのである。

その強い魅力のなせるためか、ときには自分のかくした場所をわすれて、泣きべそかいて皆ではきものをさがしまわることも稀ではなかった。そしてこの「下駄かくし」をやった後は、必ず片足のうらがまっ黒になっているので、さんざん足を洗わせられたものである。

パチンコの遊び

男の必修課目

パチンコといっても、未成年者入場お断りという、あの騒音発生鉄球落下装置のそれではない。逆に首にさげたり、ポケットからブラブラさせているのは子どもだけで、もう中学も上級生になったならそんなものより本格的なワナを仕掛けたり、おとりを使ったりしていて、石うちともいうこのパチンコを持つことなぞは恥ずかしかったものである。

パチンコ遊びは、だいたい秋から冬にかけてがシーズンであった。その理由の第一は材料になる木の枝である。春夏は木の葉がしげっていて枝ぶりが見えにくいうえに、こんもりしげった枝を切りとったりしたら、目立って具合がわるい。木の葉がかれおちて、その枝ぶりが見えてくると、子ども達は手頃なよい枝を見つけて歩く。パチンコの手頃な枝というのは、ただ二またに枝分れしていればよいというものではない。交点から走る三本の線が、二等辺三角形をえがいてのびているような稜線で、しかもそれが背高のスマートな形を示し手の握りの太さがころ合いの強い材質の枝が最高であった。

山の雑木等の枝を求めにゆくこともあったが、なかなかよいのは見つからない。遊びのゆきかえり、あそこの家のあの枝がいいと目をつけておいて、なんとかしてその枝を手に入れたいと努力し、じっと時節の到来をまつのである。

ところが案外とうまくしたもので、稲も取入れが終ったりすると、小春日の午後など、家々では冬ごもりの庭木の手入れをしたり、実がたくさんつくようにと柿や栗の枝をさばいたりするものだから、子ども達はときをうつさずそのおやじさんに枝をもらいたいとたのみにゆく。いたずら坊主たちがしおらしく頼みに来たりすると、仏頂面でさぞ大儀そうにしながら、必ずその枝をていねいに切ってくれたり、おまけに頼みもしないのにやれこの長さはどうの、にぎりをよくするのは何がいいのとアレコレを伝授してくれるものだった。

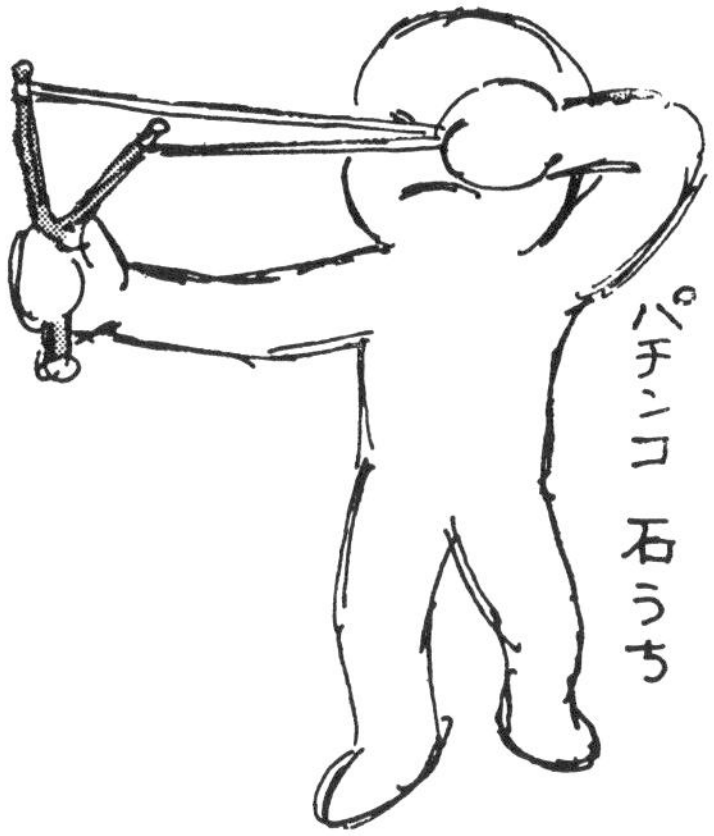

こうして枝が入手できると、子ども達はさっそく自分の手に合うように切り、皮をむいたり角をとったり縁側を工作場にして、切り出しナイフをふるって廊下を傷だらけにしただけで物足りず、自分の指や足までも（足でおさえてけずったりするので）傷つけて仕上げをする。それから母親にねだってパンツのゴムひもの残ったのをもらいくくりつける。中央にはタマあてをつけるのだが、このタマ

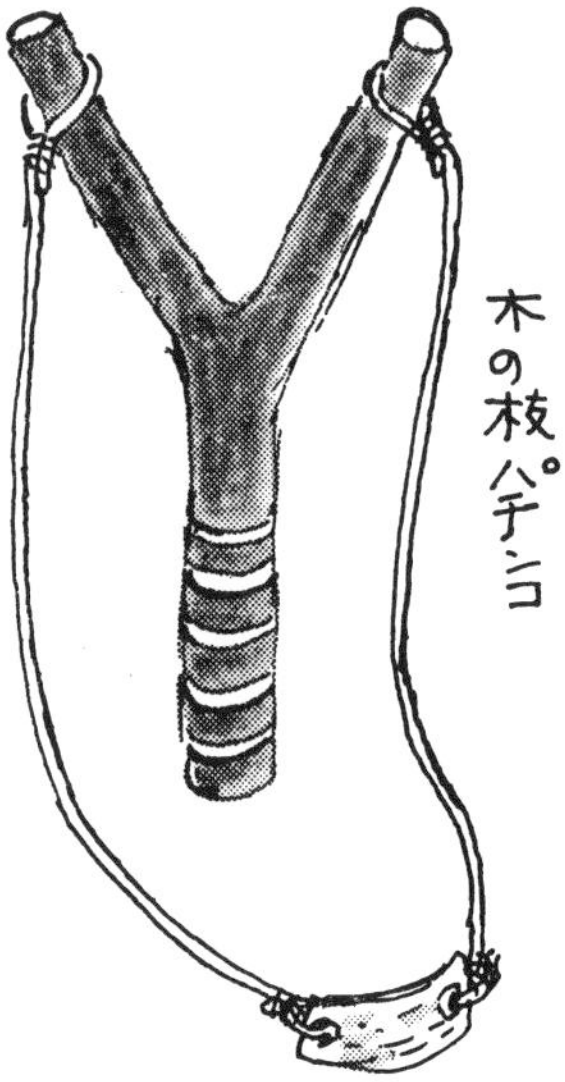

あてはちいさな布を筒状にしたものを通しただけであった。しかし、最高のものは革製のものである。だから子ども達はこっそりバンドのへりを切ったり、カバンのびぢょうの切れたのを残しておいて使用する。

　こうしてパチンコは、子どもの力で作られるから、子どもにとって誇らしさと共に持ってまわることが出来たのである。

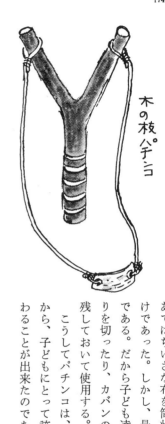

　パチンコ遊びが秋から冬にとりあげられる第二の理由は、どうしてもその対象を考えなくてはならない。春夏は小鳥や生物は活発にとびまわっているが、子どもの方も遊ぶにはことかかず忙しい。しかし稲の穂がみのる頃からは子ども達は雀を追うのにいそがしくなる。ハサにかけた稲から雀を追うのに、パチンコが使われる。春夏だったら入って追いかけた方が面白い川の魚も、秋となってつめたくすんだ水の中を走る魚の影をめがけて、パチンコのタマをとばす。タマは小石や草の実、杉の実などがつかわれる。枯木の頂きでなくもずや、田んぼをつつくカラスもそのパチンコのよい的となる。

　パチンコの主はおおむね小学三〜四年といったところだから、ひっぱるゴムの弾力も、とばす力も知れたもので、パチンコはあぶないといって禁止されたことは一度もなかった。都会地の子のように、ねらう相手がいないものだからとなりの家の猫をねらってガラスをこわしたり、練習にはげまないものだからとんでもない所にとばしたりする等ということは、自作のパチンコへの冒瀆に等しかった。しかし残念にもパチンコで当って死ぬ雀もいなければ、カラスもいなかった。

単なるおどしとしての存在と、自選自作自演の男の子が一度はやってみなければいけない、課外工作教程の重要な単元が、木の枝ゴムパチンコであったということが出来るであろう。

つららと霜やけ——冬の遊び——

たそがれの祈りと願い

夕焼と一番星に

都会のビルのたそがれとなると、あちこちの辻にちいさな台をおいて、懐中電灯で手相などをみる占師が出没する。しかし子ども達の世界では、もう少しかわったうらないと切ない祈りが夕空にうたわれていた。

遊びたりないのに、ふと気がつくともう陽は西にかたむき、カラスがとんでゆく。その姿に子ども達は呼びかける。

〽ゆうやけ小やけ　お山がやける
からすの赤んぼ　まる焼けだ　（茨城）

〽西の空まっかっか　からすの家やけた
早くいそいで　水かけろ　(岩手)
〽山やける弥三郎
おきて消せ慶三郎　(山形)
〽からすはかあかあ　勘三郎
すずめはちゅうちゅう忠三郎
とんびはとうとう藤三郎　(千葉)
〽からすからす権三郎　われが家は皆やけた
早ういんで水かけろ　たごも杓も皆かそう　(島根)
〽かあらす甚三郎我が家あやける
はよういって水をかけ
おそういってはじをかけ　(福井)

その朱色や緋色や紅につながる発想からなのだろう、子どもらしい願いや思いが西の空に歌いかけられる。

〽夕やけ小やけ　夕やけまっか
お猿が赤べべほした　(福井)

〽猿のケツまっかっか
　ごんぼやいてぶっつけろ　（秋田）
〽夕やけ小やけ　天笠婆さが紅こぼいた
　いらん紅ならうってくれ　（長野）
〽からすからす　おれのアクチ直してくんな
　わんの子とんど　（奈良）
〽からすからす　後のからすが先になれば
　米一升くれる　（埼玉）
〽あした天気いい　どじょう三匹はねた　（京都）
〽百舌の高なき　上天気　（群馬）
〽からすまわれば　くそまわる
　とんびまわれば　えい天気　（新潟）

子ども達といわず、農村にすむ者にとっては明日がどんな天候であるかに、非常に大きな関心をもって毎日を過ごして来た。そうしたまわりの生活と、子ども自身の願いによって、茜の空に、自分のはいていた下駄やぞうりやゴム靴やらを、半分ぬぎかけの状態にしたうえ、天気うらないの歌と共に、高く低くほうりあげる。

〽あした天気に　なあれ（福井）

〽あした天気か　ふるか（群馬）

〽雨か天気か　空さいって聞いてみろ（福島）

〽雨らか　天気らか（新潟）

〽あした天気よいか　けふ天気悪いか（長野）

〽天気よけりゃ腹ばって　雨ふりゃ仰向けに（岐阜）

〽天気になったら稲かりだ（静岡）

〽雨か日和か　提灯か（兵庫）

〽雨か天気か　ゆき　しもか（奈良）

〽ぞうりかえし　くねんぽ
あした天気になあれ（香川）

スッポリ子どもたちの足からぬげたはきものは、茜色に染みながらクルクルまわって落ちてくる。その地上での静止した状態が、正しければはれ、伏せていれば雨、横立ちなどになっていれば雪——そしてそれまで予想もできなかった場所や形でおちたとすれば、やれ木の葉の上だから霜だとか、おちてくるっと伏せたから風がつよいとか——臨機応変勝手な理由と理屈をつけて、明日の天気を予想するのである。ちいさい子までがまねをしてやろうものなら、自分のうしろの方にとばしたり、とんでもない方向にけり上げる結果、木の枝になってしまったり、沼の方にとんでいって、明日の天気より先に、涙の雨がふりだしているうち、もうチラチラ、星が出てくるのだ。

〽一番星みつけた　長者になあれ　(山形)

〽一番星みつけた　あした朝　金ひろう　(三重)

〽一番星みつけた　じっとみてれば落ちてくる　(福井)

ガラス玉のおはじき

忘れられない感触

おはじきは室内の遊びである。雪や雨のふる午後、廊下や畳の上で、ざらざらとおはじきダマをひろげて、いいタマをえらぶ。模様や形の気に入ったのがあると、大事にしておいて、遊びの途中で、そのタマを出来るだけ入手しようと努力する。おはじきの材料は、その頃はガラス製のものと、何の粉であろうかのりで固めた色彩あざやかなものの二種が主で、やや古いものではキサゴ貝を染めたものなどがあった。しかしおはじき遊びには何といっても、ラムネびんの色を反映した青竹色のガラスのものが一番よくつかわれた。凍てつくつめたい午後、そのヒヤリとした感触やガラスの色は、おはじき遊びの面白さと共にいつまでも残っているはずである。

さてジャンケンをして一番かった者ははらりとおはじきダマを板や畳の上にひろげる。おはじきダマはすべって見事に散開するが、ときに力が弱かったりすると、ほとんどくっつき合ったままだった

り重なっていたりのときがある。こうしたとき参加者同士の合意があれば、もう一度散開をやはり、直すことができる。しかしそれほどのことがないなら、一部分の修正で、遊びがつづけられることとなる。その部分の修正にもいろいろなきまりがあって、互いにくっついているおはじきダマをつまみあげ、指の輪の上からおとしたり、下から上へほうりあげたり、そうかとおもうと手のひらにのせ、他の手でとんとたたいて散りまくなどの、要するに作意なき自然状態をめざしての意識的な処置を行なうのである。

真面目な顔をしてホールに向って直立し、肩越しにボールを落している様をゴルフ場などでよく見うけられるであろうが、何のことはない、この子ども達の「作意なきランダムな処置」と同じことをいい年をしたオッさん達がやっているのである。

こうして準備がととのったなら、二つのおはじきダマの間隔がほどよいのを見つけ、指をその間に走らせ、この2個のタマでまずゲームを行なうことを顕示する。これはその後の動作や結果に重大な影響を与える重要な仕切り動作なのである。

こうしてから一方のタマを指ではじきとばして、他の一つに当てる。ねらったタマ以外に多くのタマが散開しているから、もしはじく指がそれてちがった方向にとんで、他のタマに当っても、そしらぬ顔をして続けることを許さぬばかりか、このようなことを「八ツ当り」といって、もしそれまで取得したタマを相手にみんな譲渡したり、あるいは場にみんな返却しなければならぬ罰則が附随してくるから、前述の仕切り動作の意義が、タマをはじく者にも、他の子ども達にも重要な意味をもってくることとなるのである。

幸い当初宣示したタマにうまく当てることが出来たからといって、直ちに喜んではおられない。当った後今一度二つのタマの間に指を通し、はじき当ての一回が終了したことを示さなければならない。もちろん自分の指であれば何指でもかまわない。多くは当った二つのタマは互いにそう大きくはなれていないのが常であるから、一番細い小指を通すこととなる。その小指をムリに細くしても通らない時、

爪をのばしておけばよかったなどという後悔が子どもの胸をよぎったりする。

こうしてようやくなんとか指が通れば、そのどちらかのタマを自分のものとしてとることが出来る。そのどちらをとったらいいかは、ゲームをしているものの自由であるが、当然それは次に連続して行なう別のタマとのはじく動作を考え、そのタマの相互関係や、全体との配置状況を即座に判断しなければならぬこととなる。

年長の子どうしだと、この一回はじきで終るのではなく、続けて三回とか五回あてる動作を終えてはじめて一個を取得できる方法がある。もし五回はじきであれば、仕切る／当てる／指を通すという単位動作を通算11回行なわねばならぬこととなり、失敗する確率が累加してゆく。

また「三角とり」あるいは「三角あて」といって、第1のタマを第2のタマにあて、そのひらいた間を第3の別のタマを通すことによって一回の動作が完了とする方法があった。これは前述の指を通す仕切の代わりに、タマをはじいて通すという方法が加わったもので、それにより第1と第2のタマを得るのと、第3のタマまでとる方法とが採用されていた。

こうして一回の動作が支障なく終ればつづいて二回目を継続することが出来、もし失敗すれば次の順の者と交替して遊びが進んでゆく。そして最後の二つのタマ、あるいは三角とりだったら三つのタマの場合は少なくとも三回以上の多数回のはじき当てが要求され、しかも最終の間隙を通す指は、目をつむって親指と人差指の二本をつけて孤をえがき、さわらないようにうまくすりぬけるという難関が設けられてあった。

かくして数々の難関をぬけてすべてのおはじきダマが、きれいに場から消えたとき、子ども達はそれぞれ取得したおはじきダマを、声高に数える。

もちろん一つ一つ、順序数をとなえながら数える子もいたが、年長になれば、2個ずつを「ちゅう・ちゅう・たこ・かい・な」と5回で10個ずつのかたまりにわけて数えた。「ニイ・シイ・ロン・パン・トオ」というとなえ方や「にい・しい・ロン・パリ・トキョ」などというハイカラなのもあって、そんなのでさっさと50個も60個もかぞえる年上の子を、ちいさな子は「やっぱりおおきい子は、あたまがいいなアー」と羨望と尊敬の念をもってながめていたものであった。

遊ぶは誰が子たがまわし

つきない創意と工夫

若い主婦にタガといってもぴんとこぬ人も多いかもしれないが、その頃は、台所にも風呂場にも大小いくつものおけがあり、つけものやみそを入れておくたるがあり、それらには必ず竹や金物のタガの輪がはまっていた。だから農家の納屋なんかにいけば、必ずタガの一つや二つがころがっていた。

このタガは、だいたいは竹を輪になるようくみ合せたものだが、同じ竹の枝の二本をちょっとのこした棒で、倒れぬようまわし、まわしながら走り、走りながら倒れぬように平均をとってゆくのがタガまわしであった。しかしこのタガは、ちいさいのではなかなかうまくゆかず、大きなタガはなかなかないし、悪いことに竹をあんだものだからでこぼこがあって少々むつかしかった。

そこで次にあらわれたのは自転車の輪まわしであった。その頃大人の自転車には番号がちゃんとつけられていて、鑑札がつけられていた。鑑札なしの自転車にのっていたりすると、巡査によびとめられ、罰金をとられた時代である。自転車は重要な交通機関であり、自転車をもっているということは、

一つの財産標示でさえあったのだ。だからもちろん子どもが自転車をもっている等ということは、田舎町では珍しいを通りこした破天荒なことであった。従って子どもで自転車にのっているといえば、大人の自転車をかりてのっているのであり、当然足がつかないから、三角形のフレームの間から足を貫いて出すという曲乗りをしていたのである。

曲乗りにしろ、何にしろ乗ることが出来る自転車があるということが、第一子ども達の羨望のまとであった。そういう状況の下であったから、大人だって自転車は大事にしたし、いよいよだめになる迄使い切ったものである。そうした使い切った自転車の部材が、町の自転車屋に行くと赤さびてころがっていた。その前輪や後輪のスポークをやすくゆずってもらうのであるが、自転車の貴重さに反比例して、まったく赤サビていた故かほとんどタダ同然だったように記憶している。

チューブをはずしたその自転車の輪は、大人用のものだから当然、なかなか大きい。しかもうまいことに、タイヤを入れこむため、外側はへこんだ溝を形づくっている。その溝に手ごろ

なかたい棒をあて、そのあてた棒を手でおしながら走り、走りながらまわし、まわしながら平均をタガまわしと同じようにとってゆくと、さすが自転車の車輪だから気持よく、よくまわるのだ。しかも小石とぶつかってカラカラとなる金属音がたまらない。子ども達は自動車はもちろん、自転車さえもたまにしか走らないほこりっぽい道で、行ってはかえり輪まわしに興ずる。

子どもというものは貪慾なものである。最初はタガでさえもよろこんだのに、次はもっと機能のよい車輪を求める。ところがその輪まわしも、走るだけでもよろこんだ段階がすぎると、その輪まわしに、いろいろと変化をつけ、工夫をこらしはじめる。

たとえば輪のすべる速度よりはやく、溝にあてた棒を離さずに体をまわして車輪をUターンするだとか、押す棒をはなしてころがしながら先まわりして棒で車輪をうけ逆行させるだとか、棒だけを各人が持っていて車輪を次々とリレーしてゆくだとか、地上に地雷とか池とかの図をかき、そこをふまぬようS字にはしらせたり、8の字にまげたりするだとかの種目を次々と創案し、実行していった。決して同じ所に止まっていない。つまらなければそれ等はどしどしすて去り、おもしろいものだけを残し、更に面白く出来ないかと工夫をこらすのだ。

そうした折、何かの偶然なのか、取るのを忘れたためなのか、その車輪に金のちいさな輪が二つ三つぶらぶらしたまま、まわした子がいた。するとそのちいさな金の輪は、車輪のまわるにつれて上り、重力で落ちようとし、こうして回転につれて金属音を発した。それは単なる車輪のまわる音以上にすばらしい和音（?）となり、その和音輪まわしの子がくると、他の輪まわしは影がかすんでしまった。たちまち子ども達は、その和音の輪にならって各自の車輪に針金の輪や長い釘をまげたものをぶらさげた。カラカラカラとまわる車輪の音と、リンリンという小さな輪の両方が、輪まわしをする子ども達の心をゆさぶるようになった。

輪まわしひとつにも見られる変遷とそれに対する子ども達の動きに、考うべき何かが秘められていたと私は思う。

あやとり糸とり指からげ

たいせつなスキンシップ

綾とりあそびはたった一本の糸の輪を、10本の指にからげ、はずし、ひっかけ、ひねり、ときによっては口にくわえたり歯でひっぱったりという、複雑で多様な操作によって、立体像をつくってゆくものである。こうした複雑な操作手順を、子ども達は三歳位になると、もう苦もなく憶えてしまって、ふっくらちいさい指を懸命にあやつることが出来るようになるのは、その教授や伝承が、文書や記録によっているのではなく、口頭の、顔と顔をよせあって行なわれる点に大きく影響をうけている。

そうした伝承形態であるから、教える側と教えられる側の要求要請によって、如何様にでもくわしく、ゆっくり行なうことが出来る。必要なら何遍もやりかえ、まちがえてもまたさしもどし、上から下からのぞいてたしかめあうことができる。自分達のペースで教授が進められる。

そしてときには膝によじのぼり、教える者と同じ側から見たり、手をとり、指をからめあって、肌のぬくもりを接しながら進められる。いわゆるスキンシップを充分味わい満足しながら親しいあたたかい雰囲気の中で教授が行なわれるのである。そして出来上るものは、一本のループによる位相数学的な抽象像という不可思議な形である。子ども達の遊びの中で、極めて特異なそして重要な位置を綾とりが占めている所以である。

最近この綾とりがブームを呼んで、多くの本が出版されるようになった。大変結構なことである。しかし今から一〇年ほど前、私が子ども達から教えてもらった綾とりのメモを子ども達への返礼として本にのせたところ、「この綾とりのとり方は左手からとるようかいてあるから正式ではない」という叱言をうけた。私は黙って苦笑した。

大人が綾とりの最後の形を出来た出来たと喜び、その種類の多いことや、複雑な形をただ速く完成することだけを競うのなら、正確さを旨とする参考書としてそれは定義づけや約束事をするのもよいだろう。

子ども達の綾とりではそんなことは二の次であった。左からとろうと右からとろうと、問題ではない。間違ったとおもったら、ははあ、最初のところだなとやりなおせばよかったのだ。対称的な形態がほとんどである綾とりでは左手を先にするか右を先にするかは問題とならない。たまに不均衡なとり方もあるが、左ききの子もいるのだから、まったく鏡像関係をたどればよいこととなる。

しかも子どもにとってときにまちがえたり、逆むきにとったりする間、意外な形ができることに遭遇し、それに自分らしい名をつけるのである。私が採取している間名づけられた名称は、「パンパンほうき」「えりちゃんゴム」「やさしいタワー」等数種にのぼっている。

要するに前述した子どもの立場や生活を無視して大人がたのしむことと、子どもの遊びとは基本的に異なったものである。第一、本の図等が主軸なれば、前記したさまざまな綾とりの副生物が綜合して子ども達に迫って来ず、子ども達には魅力のない高級折紙と同じものとなってしまい、伝承伝播の力を失わせてしまうこととなるからである。

このことは、素朴な農民の祈りと愛情と生活の中から親と子で結実された手づくり玩具と、観光と蒐集趣味でいろどられた郷土玩具とが、形態は同じであっても、それを使う場も態度もまったくちがっているのと同断であろう。こうした主点を骨ぬきにした好事家のなぐさみを、私は好まない。

さて日本の伝承あやとりは、現在二百種以上が知られているし、子ども達に渡しておけば、それこそ時々刻々生々流転を経てゆくであろう。その中のひとつに「はしご」と称する一群がある。その基本型として「四段ばしご」の作り方をお知らせしよう。

肩はばよりやや長目の輪を、太目のひもでつくる。最近はナイロンのくみひも等が使われているが、当りがやわらかで、結び目が障害とならず、また糸と糸とがすべりすぎず、からまっても解くのが容易で、色がきれいという点で、子ども達の愛用はもっぱら太目の毛糸であった。その輪を図のように指でとってゆくと両手のかけたひもに、四つの交点を上下につけた「四段ばしご」が作られる。

この四つの交点をもう一つふやすにはどうしたらいいだろうか。そういうところから次のように「四段ばしご」の途中から新たな操作が考えられ加わり、「五段ばしご」がつくられる。

更にこの「五段ばしご」に新たな操作を加えると「六段ばしご」が作られる。こうして子ども達は、「なんだはしごは、ひもの輪が長ければ七・八・九・十と何段のはしごでもつくれるのだな」ということを知り、次の新たな綾とりに挑戦してゆくのである。

単に丸暗記や○×式と同じように、本の図型と首っぴきでは、こうした推察はにじみ出てくれないのである。

四段ばしご

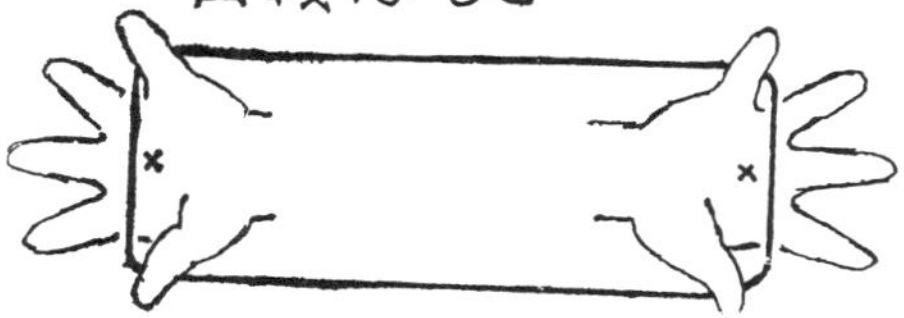
① ×を中指でとり合う

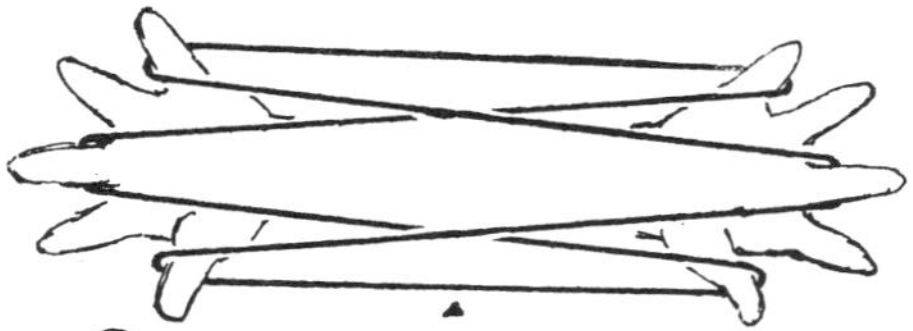
② ▲を親指からはずします

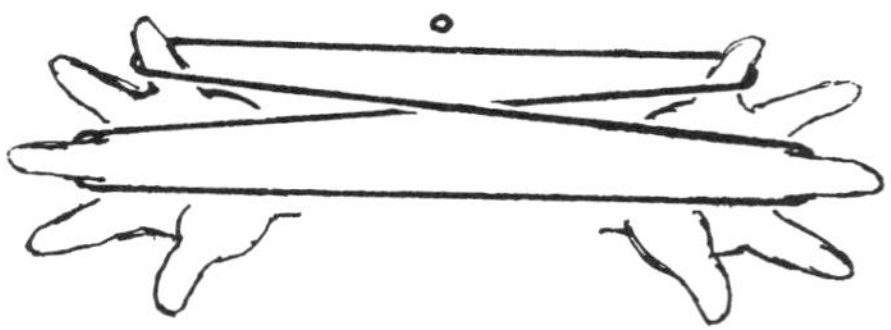
③ ○を親指で下からくぐらせてとります

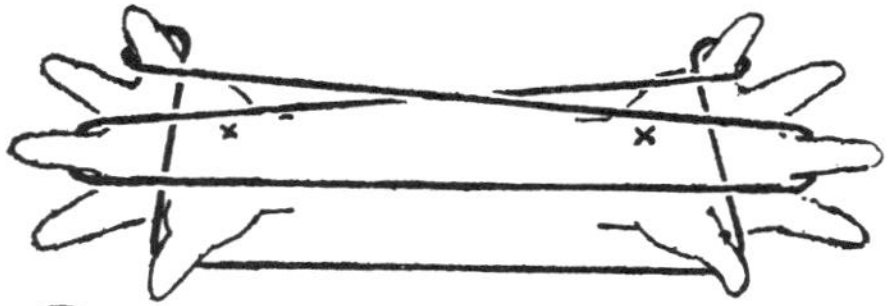
④ ×の糸を親指で上からすくってとります

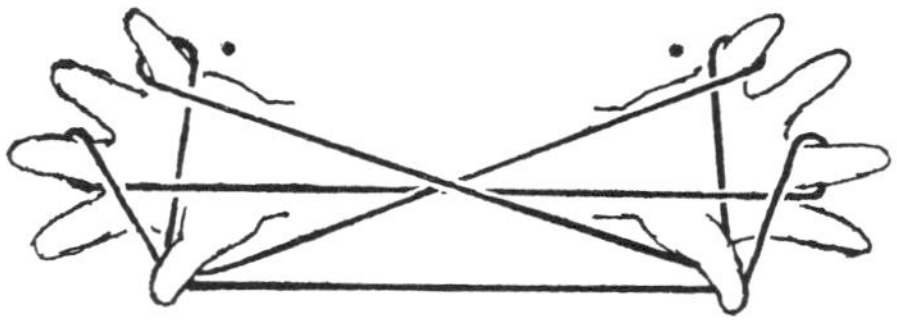
⑤ 小指にかかっている●の糸を外します

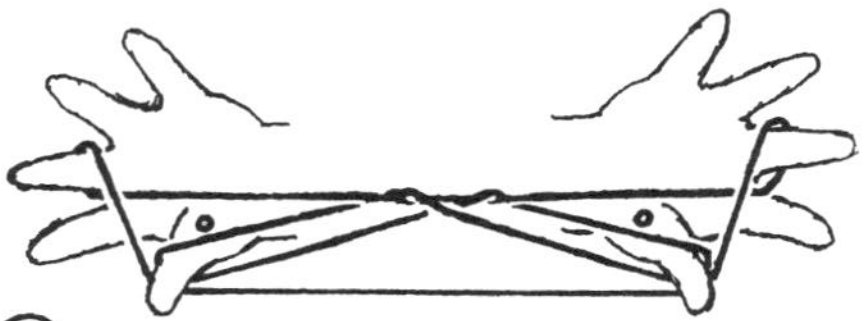
⑥ ○の糸を小指でとります

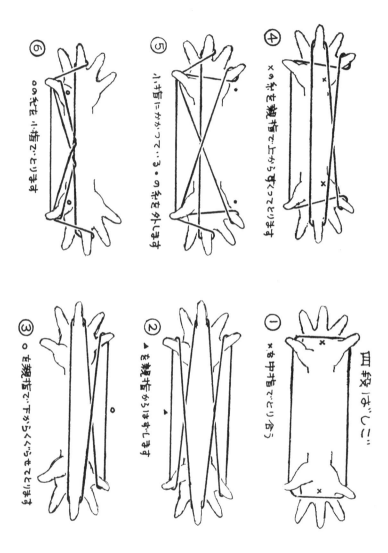

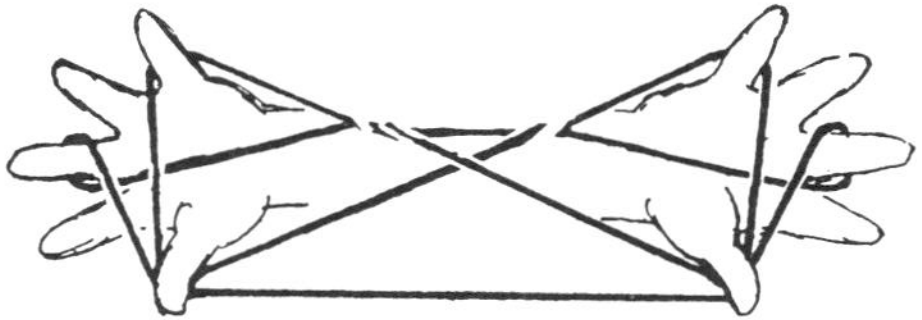

⑦ 親指の2本の糸を外す

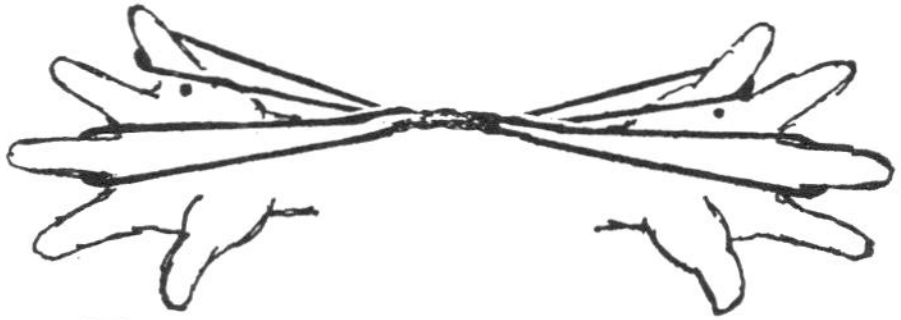

⑧ ・の糸を親指でとる

⑨ ×の糸を親指にかけます

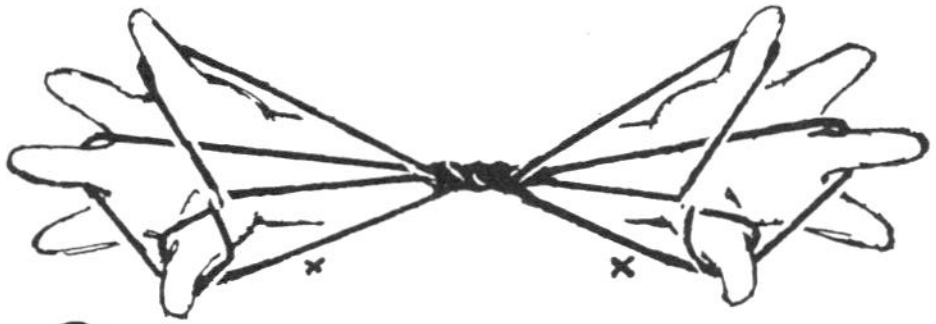

⑩ ×の糸を親指からはずす

⑪ ・の中へ、中指を入れながら小指の糸をはなし前下に出して指をひろげると

⑫ でき上りとなります

五段ばしご

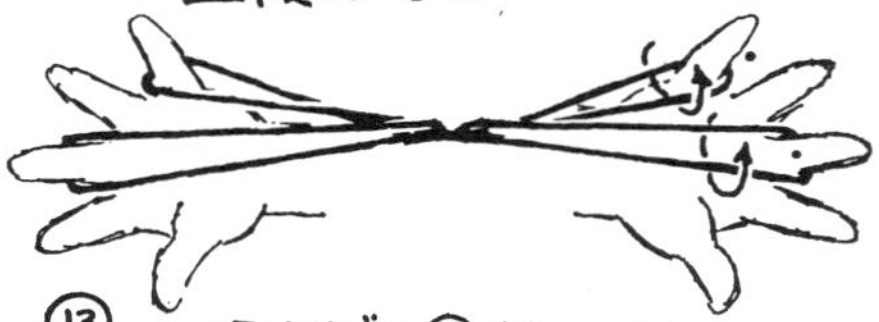

⑬ 四段ばしごの ⑧ から・の糸をそれぞれ矢印のようにねじて又指にかけます

⑭ ×の糸を親指でとります

⑮ ○の糸を親指にかける

⑯ ×の糸を親指からはずします

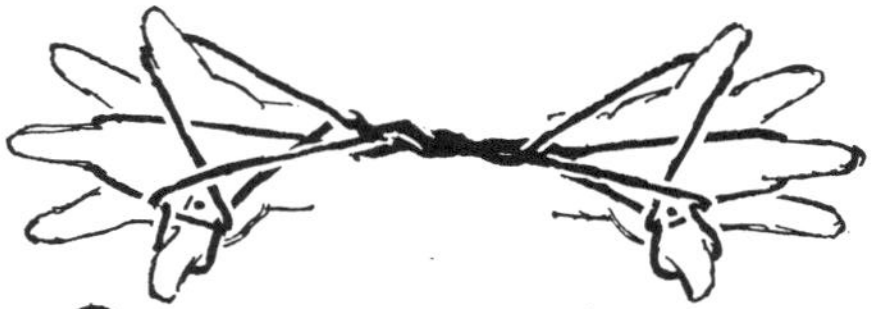

⑰ ・の所にそれぞれの中指を入れ小指の糸をはずしてひろげると

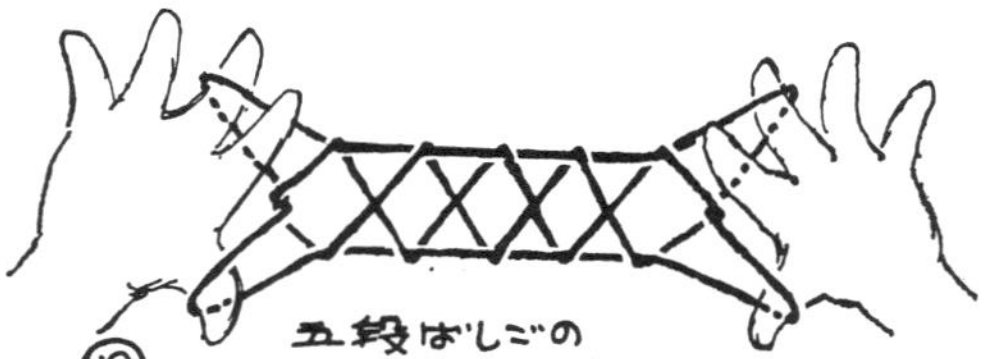

⑱ 五段ばしごのできあがりです

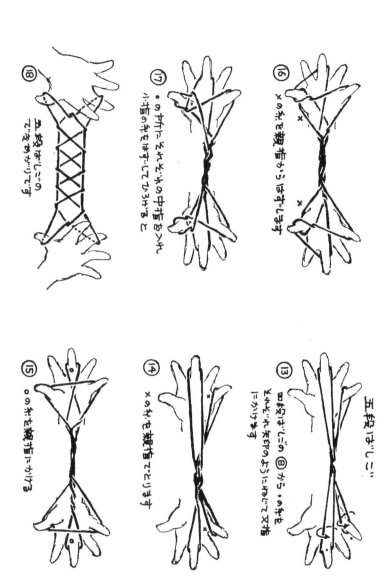

六段ばしご

⑲ 五段ばしごの⑭の•の糸を矢印のようにねじって又もとの指にかけます

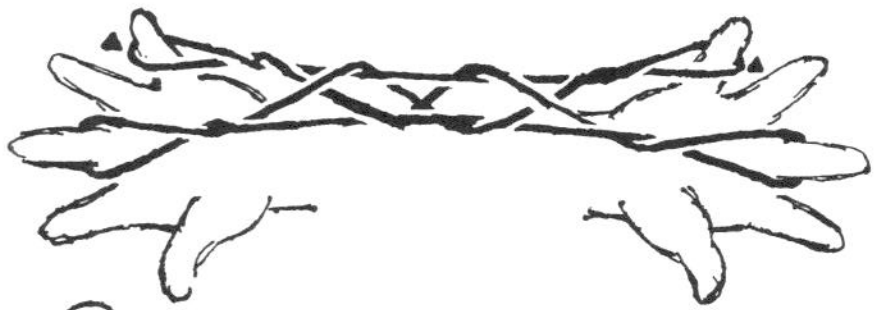

⑳ ▲の糸を親指でとる

㉑ ×の糸を親指にかける

㉒ •の糸を親指から外す

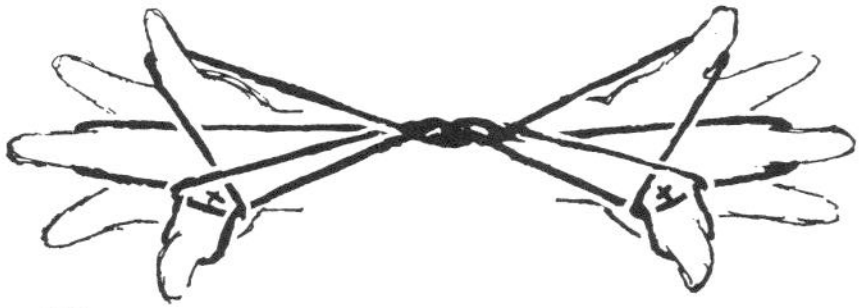

㉓ ×に中指をそれぞれ入れ 小指の糸を外して指をひろげると

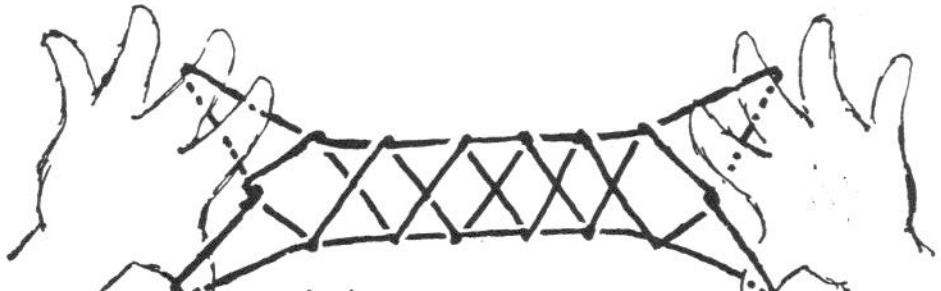

㉔ 六段ばしごのできあがり

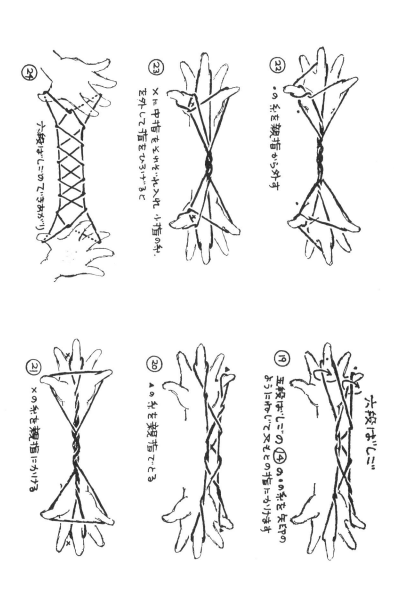

タコタコあがれ

胸ふくらむ風の音

タコというのは関東の呼び名で、関西ではイカという。海にいるにしろ、空に浮ぶにしろ、シッポや足の数あたりがちょっと違うだけで、本質的に両者に差があるわけではない。タコをあげるとき、子ども達の胸はふくらむ。一条の糸をつたわって、あの広い天に連らなっているではないか。風にゆらめくその様は、雲をよんでこれからとびたつ姿でないか。そしてどうだ、もろもろの地上の諸悪諸弊を見下して、ゆうゆうと自由の気流に泳ぐことの、なんとうらやましいことか——だから子ども達は、寒風の中で頰を赤くさせながらタコをあげる。だからちいさく一番ダコにしたいと競う。だから小刀をもちなおし、せっせと竹骨をけずって、タコを作るのである。

タコをつくるには、そのつくろうという機運が子どもの内部におこってこなければならない。当時は悠長な時代で、ものずきな大人が大きなタコを一日中あげていたりしたけれど、こういう高度なタコは、あまり子どもの意慾をそそらない。一番いいのは三、四歳年上の、幼児であれば小学生の、小

学生であれば中学生が、手づくりのタコをあげるのを傍にいってみることである。

タコをもってきたその年上の子の腰ぎんちゃくのようにくっついて、糸目のつけ方やうなりのはり方、そのうなりをちょっと膝の所でこすり、ふいてくる風にあてて「うん、よし！」などとやっているのをみると「よおし、ぼくもタコをつくって、ひざでうなりをちょっとこすって、あんな風によおし！といってみたいな」という誘惑にかられてくる。しかもその兄ちゃんが、これもってて、はなせといったら手を放すんだぞと、タコをもたしてくれると、もう一心にタコのうらをみつめ、いまかいまかと合図をまつ。

声がかかる。手をはなす。タコは勢いよく空をななめにかすめ——あえなくツイラクする。その兄ちゃんがとんできて、糸目やシッポをなおす。もう一度もたされ、合図ではなす。タコはちょっと頭をふりふりだがのぼってゆく。兄ちゃんはおしげもなくおろしまたなおす。またまたタコをもち、合図をまち、手をはなす。タコはグングンと北風

たこたこ
あがれ・・・
でんぽう・・・・・

にのぼってゆく。自分のことのように、ピョンピョンその兄ちゃんのそばへかけよってゆく。兄ちゃんは風に合せて引き、糸をのばし、たぐりして、だんだんと高くあげてゆく。

高くあがったタコは、ちいさなハチのようなうなりをまきちらして空を泳ぐ。タコの糸はゆるやかなほそい弧をえがいて空と地上とを結んでいる。その糸をときどき耳にあて、兄ちゃんはしたり顔をする。ふしぎにおもっていると、兄ちゃんはこの糸をもっててくれといって、糸まきをその腰ぎんちゃくに渡す。

腰ぎんちゃくは、もううれしくなってその糸まきを離したら大へんともっていると、兄ちゃんはポッケからちいさな紙を出して、裂目をつくり、それをそのタコの糸にまたがらせ、10メートル先の方までひっぱっていって手を放す。紙は風をうけてすっすっと走り、次第に上へ上へとのぼってゆく。デンポーとか手紙とよばれているタコあげの余興である。その間に腰ぎんちゃくは兄ちゃんの目をぬすんで、タコの糸を耳につけてみる。うなりと風をきる音が大きく波のようにきこえるのだ。兄ちゃんはこの天来の音をきいてにゃっとしていたのだなと腰ぎんちゃくもにやりとする。

そしてもうその頃は、何が何んでもタコをつくって、高くあげて、デンポーをはしらせて、天来の音をきいてにやっとボクもするんだと心にかたく誓うのである。

窓辺のゆげ絵あそび

ちんちんお湯のたぎる音

北陸の冬というものは、東北や北海道の冬とはまたちがう。悪くいえば陰気な鉛色の雲におおわれた時期である。よくいえば底びえの中で、すべてが重く沈潜する冬ごもりの季節である。

十一月から三月にかけての五ヶ月間が雪の中の生活で、特に十二月から二月にかけてはほとんど日の光もうすい。しかも丈余の雪のため、雨戸はかたく閉ざされ、その雨戸を外の雪がおしつけている。冬の乾季とはほど遠く、家の中はしめっぽく寒くくらい。吹雪、密雲、べと雪。だから子ども達は皆、赤いほっぺたをひびで切らせ、しもやけを足にたくさんつくってかゆがった。工場の女工や農民に肺病が多く、それがまた貧しさのもととなって、家々の冬はいっそう暗いさみしいものとなっていた。流行歌や観光案内などには決して登場してこない、その昭和のはじめ頃の冬の中でも子ども達は生きていた。

外はちらちら雪がふっていて、部屋の中ではちんちんヤカンのお湯がにえたぎっていて、そういう

ゆげえかき

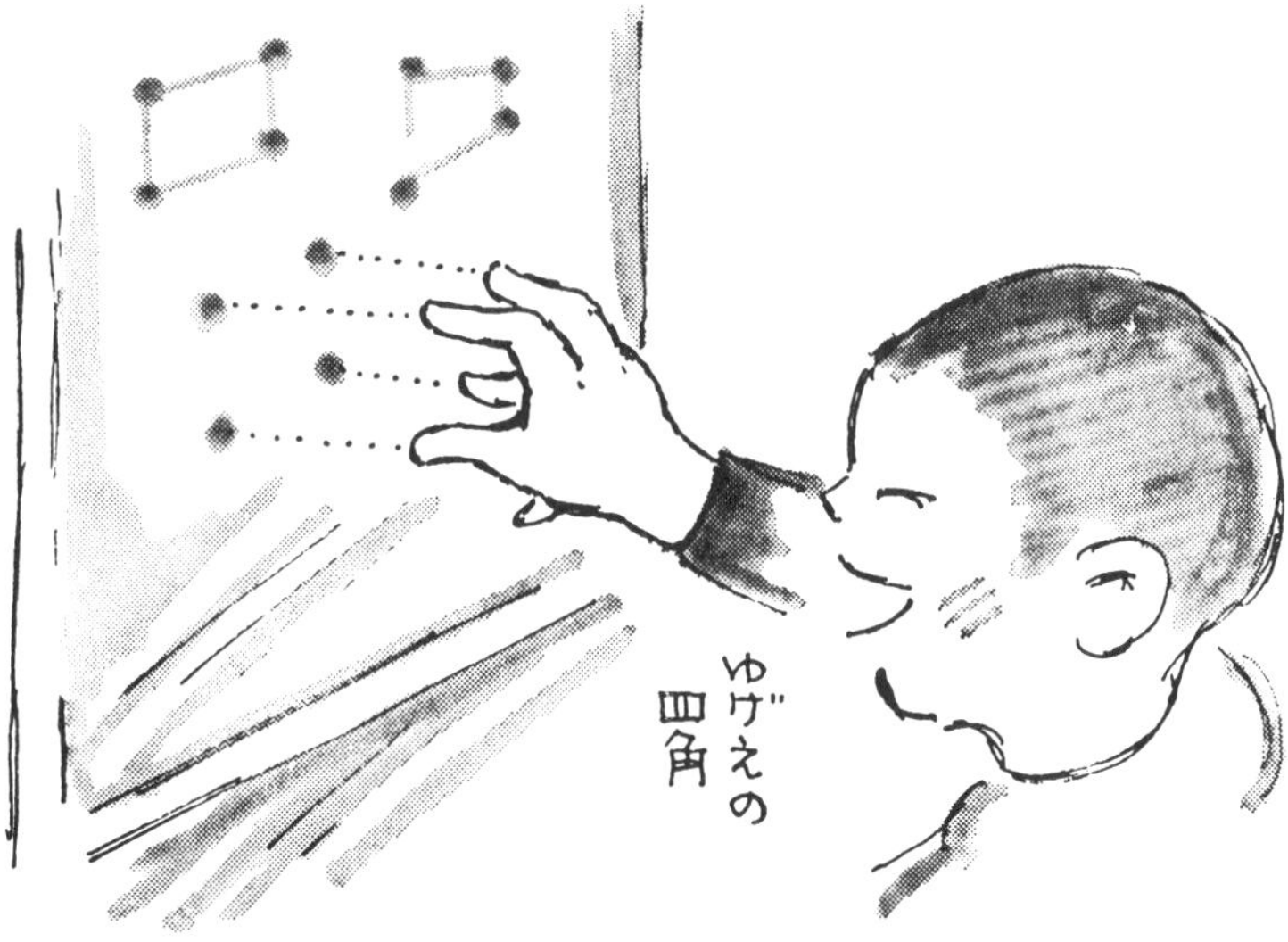
ゆげえの
四角

赤ちゃんの足あと

ときガラス戸は必ず湯気のこまかな水滴でくもっているのが常である。ゆげでくもったガラス戸は、戸外の寒さを示す指示計であった。

子ども達はそのゆげにゆびで絵や字をかいてあそんだ。一番かんたんなのは、左右の人差指をそろえて同じように動かし、左右対称的な絵をかくものである。しかし見た目にはやさしいのだが、どっちかが大きくなったりいびつになったり、なかなか均勢のとれた図がかけないうちに、ガラス戸のくもった所を使いきってしまったりした。

「四角」というのがあった。親指、人差指、中指、薬指の四本の指頭を、うまくそろえてゆげの所におしつけ、その跡がうまく正方形になっているようにするだけの遊びである。心正しくない故か、性直でないためか、自分でもがっかりするほど、なかなかきれいな正方形をつくることは難しいものである。

一番面白いのは「赤ちゃんの足」である。これはこぶしをつくってその小指の側をおしつけると、ちいさな足のうらに似た形が残るので、指先で5つの足指を附け足すあそびである。左右のこぶしで上手にえがくと、まるで赤ん坊がガラス戸の上を歩いたような足跡ができるのが、たまらなく面白かった。

こうして寒い廊下や玄関わきのガラス戸でひとしきり遊び、寒さにひえた足や手を、こたつにとびこんであたためるのが、北陸の子どもたちであった。

雪あそび氷あそび

全身で示す雪への歓迎

雪がつもると、喜んでとびまわるのは、子どもと犬である。大人と猫はいやな顔をしてこたつにもぐる。私は今でもまだ幼稚なせいか、雪がふった朝など、いつもより早くおきてかけまわる。幼い頃、雪の中で遊んだ血がさわぐのだろうか。どんなに雪を子どもがよろこぶのかは

〽雪は殿様　あられは家来
　雨は百姓　風ぬすっと

と童唄にうたわれているように、子どもにとっては最高のものだった。天から夢のように舞いおち、褐色の周囲を純白のおとぎの国のように一変させるばかりでなく、雨やみぞれのようにべとべとせず、払えばたやすくおちてくれ、また逆にかためていろいろなものを作ることが出来、さまざまに遊べる——こんないいものを喜ばないのはどうかしていると子ども達はおもっているのだろう。

雪あそびの中で、子ども心に風雅でしゃれたものだと思ったものに「雪つり」がある。ひもの一端

に木炭の小さいのを結びつける。その頃はどこの家にも木炭があったけれど、もしないのなら木片か枝でもよい。このひもの他の端をもって、新しくつもった雪の上を、とんとんと上下させると、雪が木炭や木片に少しずつついてくる。うまくついていない側にも雪をつけ、だんだん大きくして、互いにその大きさを競い合うのである。もうちょっと、もうひと息とやっているうち、ぱっくりわれてまたやりなおしということになり、そのひものあやつりと呼吸が、なるほど釣りの妙味に似通っている。

雪がたくさんつもると、子ども達は、わざとおしりをついたり、顔をつけてそれぞれの型をとる。だれのが大きいとか、だれのがへこんでいるとか、おのれのおでこのふかみや、口の大きさをかこちながら、これがまたたのしいのである。

更に田畑のひろい所なんかでは、その雪の上にごろりとねたり、たおれたりする。それはもうベッドとしては最高ではないかとおもうほど、何のクセも障害もなく、固からずやわらかすぎずに、とても気持がよかった。たちあがると、そのあとに、

顔つけ

尻つけ

雪あそび

大の字型だったり、少々お行儀のわるい寝相が残ることとなる。二、三人つれだって、二、三歩あるいてはバタリ、またバタリと、まるで36人切りの死人の列のように左右に人型をつけて遊ぶのが子ども達の全身で示す雪への歓迎のしるしである。

やがてそのつもった雪をふみかため、形をいろいろ工夫して、すばらしい自動車をつくる。当時の田舎の子ども達は、たまに自動車が通ったりなんかすると、そのあといそいで道に出て、ガソリンの残り香をすったほど、自動車が通ることがめずらしかったから、自家用の自動車をもてるなどというのは、雪がふってくれたおかげであった。シートにはわらでつくったサンダワラをひき、子ども達はこの真の雪上車（!）にのって、雪の原を、粉雪のまう空中を、おもうまま走りまわったのである。

そのうちにまたせっせと雪道にふかい穴をほって、その上にすみだわらかござをしき、巧みな手つきで、雪をその上にちらし、あたかも新雪そのままの状態の如くにしつらえておく。人間というのは不思議なもので子どもどころか大人の方が、かえってそういう新雪のままの所を自分の足跡でふんでみたい誘惑にかられるらしく、まんまと〈雪あな〉にかかることとなる。子ども達はそのかかったあとを見て「やったやった」とよろこぶのである。

女の子たちは〈雪うさぎ〉をつくったり雪で家やかまどをつくり、そこで雪中のままごとをはじめる。雪の中のままごとは〈雪のおとうふ〉や〈雪ようかん〉があったりして、それも松葉ちらしや杉の実あえでなかなかごちそうなものであった。またへりのかけた茶わんやサカズキで〈雪のまんじゅう〉をたくさんつくって開店する。ときどき貴重な泥のアンコなんかが、食慾をそそるようににじん

でついていたりもした。
池や手洗水鉢の水がこおって厚くなると、それを持ち上げて、子ども達は〈ガラス〉が出来たという。そのガラスのかけたのは、とてもすべりがよい。だから冬の学校の廊下や体育館で、ひそかにこの氷のかけらのサッカーが遊ばれたものである。
またの軒先や木の枝からつららが長くのびると、その長いのをとって布で手元をまき、それでチャンバラごっこをたのしんだ。文字通り、ぬけば玉ちる氷のヤイバであって、ハッシと切り結ぶなら、つめたい金属音をたてて、とび散ってゆくのだ。
このつららの同じ位の長さのものを互いに手にもって身がまえ、ヨーイドン！で、その氷柱をガリガリかじってはやくかじり尽すという、まことに野蛮で、粗暴で、子どもでなければできない遊びがあった。氷は食べずにただかじるだけで、口角氷片をとびちらしての、まるでネズミみたいな前歯の歯力（？）を競う勇壮なもので、もちろんいつも一番はおでこで出っ歯の銀ちゃんときまっていた。

吹雪の夜の停電ばなし

母の声を遠くにきいて

午後からふりしきっていた雪は、夕方になっても止まずに霏々《ひひ》とふる。時折風の音と雨戸をなぜるサラサラした音がつづく夜は、夕飯や入浴をいそがせられる。早目にすませておかないと、こういう夜はきっと雪のために電線がきれ、停電となるからである。

その頃の電球といえばまだすき通ったガラスで、キューピーの頭みたいに先がとがっていた。そうした裸電球の赤茶けた光の下で、夕飯をたべていると、チラチラチラと、電気が消えかかる。切なく見上げると、上下に走る電球の中の線が、頼りなく赤くなったり消えたりする。そーらはじまったとおもう間もなく、電灯は消えてしまう。用意したろうそくをともす。茶わんの中をのぞきこんだり、はしでかきまわしながら夕飯をたべおえる。父はまだかえらない。はやくかえればいいのになアーと子ども心に心配しつつ、こたつにはいって、耳をかたむけている。

停電の夜

風、雪、そして時折木の枝からおちる雪の音がするばかりの停電の雪の夜の不安な長い時間がこうしてはじまる。

不意に雪のドドッという音がして、激しい勢いで玄関があき、まっ白になった父がころがるように入ってくる。子ども達は何も手伝えぬのに、こたつをとび出して迎えにゆく。くらいつめたい玄関に、肩からとびちる雪がまう。長ぐつをぬいで上った父と一緒に、子ども達もまたついてくる。なぜならろうそく台を玄関にもっていった後のくらやみに、とても一人残っておられないから、光のある所と共に子ども達はついてまわるのである。

一人おくれた父が食事をしながら、帰り道の川のランカンにもう雪が半分ぐらいつもっただとか今晩のうちに納屋から炭をもって来た方がいいとか、明日の朝は大変だぞとかいう話を、子ども達はこたつに当りながらきいている。

やがて食事をおえた父もこたつに入って来る。停電の夜ばかりは、ラジオも新聞も、こまかな雑務もダメになるから、日頃話しの少ない親子でも、いろいろな話がとび出す。

どうして電気が切れるとくらくなるのかとか、雪だまりが深くなりそうだから、誰れか人の歩いた足あとの所を歩けだとか、長ぐつに穴があいていてダメだとか、あつい靴下はくと靴がいたくてはけないとか、おおそうだ、北窓の雪かこいをもっとしっかりしてやるのだったとか、そんな話がひとしきりつづく途中、ふと後をみるとどうだろう、自分の影が大きく黒々と障子にうつっているのだ。そして天井をみると、ふしぎにも、ろうそくの焔の真上に、黒い影があやしくゆらめいているのだ。

雪の音がさっきよりも、もっと激しく戸をたたく。後かたづけをすませた母も、こたつの話の仲間に入る。話はいつしか去年の大雪の話になり、あのときはひどかったなア、屋根がミシミシいったもんな、雨戸がたわんで開けられなくなったことや、吹雪で橋から川へふきおとされたことや、傘がこわれたこと、もう毎日炭火でかわかす下着の苦労話や、ヘントウ腺をはらして熱を出してとても困った話、そうそう雪の中でイタチに会って、イタチの方も道がついているとらくなのか人の歩いた所ばかりをたどっていた話が出ると、子ども達も去年の雪で遊んだことや、長靴の中に雪がどっさり入ってつめたかったことや、しもやけの話、雪の中から三輪車が出てきてちょっとまがっていた話、沼の氷がわれて、あやうく死にそうになった川下の家の子の話などを、われがちに話し出す。

そしてなだれで死んだ誰れそれさんだとか、雪にうずもれたまま、誰れも出てこないので不思議におもったら、家中死んでいただとか、一軒屋を襲った泥棒が、雪の中で小便をしたため、みつかってしまっただとか、夜逃げ同然に雪のふる中を家をたたんでいった川向うの家の話や、機織り工場の持主が芸者と首つって心中したとか、心中てなあにとか、雪女や雪婆のこわい笑い声なんかの話が次から次へとつづく。

子ども達は、そんなちょっと理解できぬ、ふしぎな話にも聞きいり、そしてそっとうしろをふりむく。気のせいか前よりももっと大きな影法師がこっちが動かないのにうごき出す。天井の黒いかげも前よりももっと妖しい形にゆらゆらする。子ども達はこわくなり、寒くなってこたつにもぐりこみ、じっとふとんに耳をよせる。

雪はまだやまない。風が強いはずなのに、妙に音がしずかなのは、きっともうずいぶんとつもった雪に、風の音が吸われてしまうためなのだろうか。ピィーと汽車の汽笛が小さくきこえる。上りの貨物列車かな、それとも雪でおくれた客車かなと考える。ボンボン時計だけが暗い停電の中にも生きつづけ、時をうつ。ああ、明日の朝は、うんとはやくおきて、ゆきかきをして、雪なげをして、雪すべりをして、それから……。

ホレこんなところでうたたねするんじゃないよ。寝どこにいってねなさい――そんな母の声を遠くにきいて、停電の夜はふけてゆくのである。

あとがき

つゆ草の花の色のように、幼い頃のふるさとは、みずみずしい自然に青く包まれていた。しかしそこには、いつもつぎの当たった貧乏がくっついていた。

読者はその中ではだしでかけまわり遊んでいた一人のおでこの子どもの姿を見出されたことだろう。この北陸に生まれた子どもに比べ、場所や家庭の様子こそちがえ、まるでおれと同んなじだなアと思われたり、あるいはひそやかな優越と幸福感にあなたはひたられたことでしょう。

終りまでよんで下さった読者と、じゃこめてい出版社青木太郎氏の熱意に、深い御礼を捧げて御挨拶と致します。

1975年4月　　かこさとし

新あとがき

敗戦後の翌年（1951年）法学部の大講堂でこれからの日本の進む途について著名な学者や政治家、実業人の討論会が開かれた。敗戦で生きる方途に昏迷していた私は、よき手がかりを得ようと、最前列で次々開陳される名論卓説に耳をかたむけていた中、新しく大臣となった政治家は戦争に負けてよかった、新しい憲法が出来て、これによって日本は再生できるのだと涙をながして未来を謳歌した。全員が一通り論じ終わった最後に米国から交換船で帰ってこられた中年の女性＊が登壇、それまでの怪説迷論を鮮やかに切りすて、禍をのりこえてゆく新時代の女性の姿を示された。

私はその明快な論旨と麗姿に僅かであるがなんとか生きてゆく光明を得て様々な彷徨の後、臨港地の工場勤務の傍ら、未来ある子どもとの交流と生活の機会を得た。それで得た野生的な生きる意欲に満ちた子どもたちの行動と真意を教育雑誌に投稿していたが、じゃこめてい出版と言う出版社から原稿依頼をうけ、それで、子どもの頃の思い出を綴ったところ、第23回日本エッセイスト・クラブ賞＊＊を得る光栄に浴した。しかも強力に推薦されたのが、あの時登壇された坂西先生だったことを知り二度も私の人生を励まし推挙頂いためぐり合わせに、この上ない感謝と幸いに包まれた。

今回復刊して頂く機会に先生から頂いた大きな御恩を記し、私の心からの感謝をお知らせする次第です。

2018年2月

かこさとし

＊坂西志保
1896年生まれ。教職を経て、1922年に渡米。ミシガン大大学院修了。同大学院助教授、ホリンス大学助教授、米議会図書館日本部長などを務め、1942年に日米開戦に伴い帰国。帰国後、外務省嘱託、太平洋協会アメリカ研究室主幹、NHK論説委員などを歴任。戦後はGHQ顧問、参議院外務専門調査員、立教大学講師、憲法調査会、選挙制度審議会、中央教育審議会、放送番組向上委員会、国家公安委員など20近くの委員を務めた。かたわら広く文化の全域にわたってアメリカン・デモクラシーに貫かれた評論家活動を展開。著書に『狂言の研究』『地の塩』『生きて学ぶ』『時の足音』など多数。1976年没。

＊＊同年（1975年）第15回久留島武彦文化賞も受賞

遊びの四季

2018年2月26日　初版発行

著　者　　かこさとし

発行者　　左田野 渉

発行所　　株式会社復刊ドットコム

〒141-8204　東京都品川区上大崎3-1-1　目黒セントラルスクエア

電話：03-6800-4460(代)　　http://www.fukkan.com/

印刷・製本　株式会社暁印刷

ISBN978-4-8354-5568-6 C0095　Printed in Japan

※本書は、1975年にじゃこめてい出版より刊行された『遊びの四季』を底本に、増補して復刊するものです。